Hartwig A. Vogelsberger

# Fort Dimanche

## Das KZ der Duvaliers

## Roman

Impressum:
© 2011 by Österreichischer Milizverlag Salzburg. Verlagsanschrift: Kommandogebäude Riedenburg, Moosstraße 1 - 3, 5010 Salzburg. Alle Rechte vorbehalten. Ohne schriftliche Genehmigung des Verlags darf kein Teil dieses Buches elektronisch, fotomechanisch oder in anderer Form vervielfältigt, bearbeitet, gespeichert oder übersetzt werden. Erfüllungsort und Gerichtsstand ist Salzburg.
Druck: Didi Jicha, Printmanagement, Auerspergstraße 10, 5010 Salzburg.
ISBN 978-3-901185-41-0

**Vorwort des Autors:**

Als ich vor einigen Jahren in der abendlichen Sommerhitze durch die dunklen Straßen von Port-au-Prince schlenderte, tauchte stumm und unheimlich die breitschulterige Gestalt von Tarek Breithagen vor meinem geistigen Auge auf. Anklagend erhob er seine Hand, so als ob er auf die unzähligen Verschwundenen, Gehängten, Erschossenen, Erschlagenen und Gefolterten, die eine der mörderischsten Diktaturen dieser Erde forderte und noch fordern wird, hinweisen wollte.

Seit über zehn Jahren ist Tarek Breithagen tot und auch alle seine Paladine, die mit ihm, ihrem „Baron", gekämpft hatten, sind nicht mehr. Niemand erinnert sich ihrer, ja kaum jemand weiß, dass es dieser Mann war, der einen Anschlag auf das unheimliche Auschwitz des schwarzen Arztes mit den schläfrigen Augen – Fort Dimanche – unternahm; eine Kommandoaktion, die die Geschichte des blutdurchtränkten Haiti mit einem Achselzucken quittiert hat.

Der schwarze Arzt mit der dämonischen Hornbrille, „Papa Doc", François Duvalier, hat auch schon seit geraumer Zeit seine allerletzte Reise in das Haiti der Unterwelt angetreten, nicht aber ohne seinem gequälten Volke viele bleibende Erinnerungen zu hinterlassen, allen voran die herrliche Hahnenkampfarena, die das Zentrum jener Stadt ausmacht, die Duvaliers Vermächtnis an die Ewigkeit darstellt – Duvalierville. Doch der vorwiegend mit der Angst und dem Schreckgespenst des Voodoo operierende Arzt hinterließ freilich noch ein anderes, weit schaurigeres Mahnmal – Fort Dimanche.

Seit 1971 herrscht sein Sohn über Haiti und zwar ganz im Sinne seines grausamen Vaters. Die Blutnacht von Dahomey, die Zenanyana, steht immer noch Pate für die teuflischen Exzesse des Voodoo auf Haiti. Einige Luxushotels sind zwar unter der Ägide von „Baby Doc" entstanden, das Volk aber darbt nach wie vor. Anlässlich des Papstbesuches am 10. März 1983 gab sich der gar nicht mehr so fette Staatspräsident Jean-Claude Duvalier (er hatte in den 70-iger Jahren wahrhaft Orson Welles'sche Ausmaße angenommen) als betont moderner, aufgeklärter Staatsmann. Der Jean-Claudisme, nach Darstellungen „Baby Docs" ein Zufluchtsort des Friedens im Karibischen Raum, scheint ganz im Sinne des Diktators zu funktionieren.

Das Karibikparadies Haiti mit Palmen, Blumen, Orchideen, herrlichen, auch im Sommer Kühlung spendenden Bougainvilleen, märchenhaften, steil zum Meer abfallenden Bergrücken ist auch heute noch ein Paradies des Satans, über dem der Pesthauch des Voodoo und der Mordgeruch von Fort Dimanche liegt und lastet.

Die Geschichte von Fort Dimanche ist auch zum Teil die Geschichte von

Tarek Breithagen. Lange ließ ich mir Zeit sie zu Papier zu bringen und manchmal frage ich mich ernsthaft, ob es Tarek Breithagen wohl überhaupt gegeben hat. Heute liegt das Manuskript vor mir und Tarek Breithagen scheint mir über die Schulter zu blicken.

Ob der nun folgende Roman ein Tatsachenbericht sein könnte oder nicht, erscheint mir unwesentlich. Manche der geschilderten Ereignisse sind verbürgt, andere wieder sind meiner Vorstellungskraft entsprungen. Fort Dimanche aber gibt es immer noch, genauso wie es die Opfer gab und gibt. Ihnen allen ist der folgende Roman gewidmet.

Raffles Hotel, Singapore                    Hartwig A. Vogelsberger

DAS VORLIEGENDE BUCH ENTSTAND ZU EINER ZEIT, ALS DAS EXOTISCHE LAND HAITI IMMER MEHR IN DEN BLICKPUNKT DER WELTÖFFENTLICHKEIT RÜCKTE. DIE SICH LANGSAM ABZEICHNENDE REVOLUTION GEGEN DAS DUVALIERREGIME, DIE MIT DER VERTREIBUNG DES DIKTATORS NACH FRANKREICH ENDETE, STREBTE IHREM HÖHEPUNKT ZU, ALS DIESER ROMAN FERTIGGESTELLT WURDE.

DREI REISEN NACH HAITI HABEN DEN AUTOR MIT DER MÖRDERISCHEN, „AFRIKANISCHEN" PROBLEMATIK DIESES LANDES VERTRAUT GEMACHT. NACH DER ENTMACHTUNG DUVALIERS TRAT MAN VON VERSCHIEDENEN SEITEN AN DEN AUTOR HERAN, ER MÖGE DOCH SEINEN ROMAN DEN NEUEN GEGEBENHEITEN ANPASSEN. DER AUTOR KOMMT JEDOCH NICHT UMHIN FESTZUSTELLEN, DASS DER ROMAN IM JAHRE 1982 KONZIPIERT WURDE UND IM JAHRE 1983 SPIELT. DER AUTOR WILL SEINER LESERSCHAFT JENE VERHÄLTNISSE VOR AUGEN FÜHREN, DIE VON DER WELTÖFFENTLICHKEIT ZWEI DEKADEN LANG STILLSCHWEIGEND HINGENOMMEN WURDEN.

ES IST NICHT SEINE ABSICHT, ÜBER DAS HAITI VON HEUTE ZU SCHREIBEN. DIESE AUFGABE SEI ANDEREN ROMANCIERS DER ZUKUNFT ÜBERLASSEN. AUS DIESEM GRUNDE WURDE DAS VORWORT, DAS BEREITS VOR JAHREN ENTSTAND, BEIBEHALTEN. DER AUTOR TRÄGT JEDOCH DEN ALLERNEUESTEN EREIGNISSEN IN SEINEM NACHWORT RECHNUNG.

HARTWIG A. VOGELSBERGER

# ERSTES BUCH

**Fort Dimanche**

Fünf von der Sonne ausgedörrte Leiber hingen, Marionetten gleich, an den Fensterbalken des Hauptgebäudes von Fort Dimanche. José Dolores starrte verloren aus dem vergitterten Fenster und warf sich danach auf das harte Zellenbett, das ihm als kümmerliche Schlafstatt diente. „Sind das noch Menschen?", dachte der zum ewigen Leiden in einem der furchtbarsten Konzentrationslager der Welt verurteilte Schriftsteller.

Aus der Nebenzelle konnte man das unterdrückte Stöhnen von Rodrigo Baruques hören, dem die bestialischen Wächter dieses Horts der Grausamkeit, Fort Dimanche, vor ein paar Stunden mit einer Brechstange alle Zähne eingeschlagen hatten. Fort Dimanche! Dantes Inferno kombiniert mit einer makaberen Mischung von Marquis de Sade-haften Perversionen! Fort Dimanche! Ort des ewigen Leides, des konzentrierten Massenmordes, der brutalen Vergewaltigung jeglicher Menschenwürde, Tummelplatz für den alten Schnitter, dem allerdings hier die Sense aus der Hand gerissen wurde, weil er seiner bewährten Tätigkeit nicht schnell genug nachkommen konnte! Fort Dimanche! Täglich sterben an die fünf Leute, denn täglich kommen fünf Neuzugänge und die Balance muss aufrecht erhalten bleiben!

Er hatte noch die harte Stimme des Lagerkommandanten in seinen Ohren. „Vielleicht bin ich morgen an der Reihe! Wahrscheinlich würde ich mein eigenes Dahinscheiden aus dieser Welt des Grauens sogar begrüßen!" Dolores versuchte an nichts zu denken, aber es gelang ihm nicht. Die Toten standen stets im Vorhof seiner Gedankenburg, die unsagbar vielen Geknechteten, Dahingeschlachteten, Gepeinigten, in einem Meer von Blut ertrunkenen Toten. „Die Toten bleiben nicht stumm!", dachte er.

Ein trauriges Lied erklang durch die Nacht. José kannte diese Stimme. Sie gehörte Laurent van Horn, der früher ein gefeierter Opernstar gewesen war, drüben im fernen Europa, und sich einen herrlichen Landsitz auf Haiti gekauft hatte, wo er seine im ganzen Land berühmten Soireen abhielt, bis auch ihn der allgewaltige, immer gegenwärtige Arm von „Papa Doc" Duvalier erreichte und ihm eine Unterkunft in Fort Dimanche verschaffte.

Die Stimme war nicht mehr zu hören. Sicher hat man ihn mundtot gemacht! Seine Gedanken tanzten im Kreise. „Oh Tod, wann kommst Du? Guter Tod, komm bald, ehe mich die ewig nagende Schlange des Wahnsinns auffrisst!" Er wollte diese Gedanken laut hinausschreien, die ganze Welt sollte sein Wehklagen hören, aber er blieb stumm. „Allein die Gedanken sind frei!", dachte Dolores.

Draußen machte ein prasselnder Regen allen Geräuschen ein jähes Ende. Es war, als ob dieser Regen wie ein Leichentuch die Vorgänge in Fort Dimanche zudecken wollte. Es war, als ob der Herr des Himmels und der Erde Dolores' Ruf vernommen hätte und als kleine Linderung wenigstens diesen Regen gesandt hatte, der das Schreien der gequälten Insassen von Fort Dimanche übertönte.

Aber der Häftling wusste, dass dieser Regen – gleich dem Hochzeitsgewande von Penelope – kam und wieder verschwand. Was aber blieb war Fort Dimanche, über das jetzt die Nacht endgültig ihren traurigen Schleier warf.

## Auf dem Wege nach Trenton Hall

„Wenn Ihnen irgendjemand helfen kann, Señorita Dolores, dann ist es Tarek Breithagen!", sagte Edward Hatton-Jones. „Ich danke Ihnen, Sir Edward. Aber sind Sie überzeugt, dass Breithagen bereit ist uns zu helfen?" „Tarek Breithagen ist ein merkwürdiger Mann, er ist so etwas wie eine lebende Legende. Man weiß nicht allzu viel über seine Herkunft. Es steht allerdings fest, dass er – aus welchen Gründen auch immer – in Schottland erzogen wurde. Angeblich ist er ein sehr verbitterter Mann. Aber er hat Dinge erlebt und vor allem überlebt wie kaum ein anderer. Er war im Kongo, in Kambodscha, in Vietnam, er war jahrelang in Rhodesien bei den Selous Scouts, obwohl niemand von seiner Existenz dort wusste; und auch unsere SAS Leute ziehen ihn manchmal zu Rate und er kämpft vor allem nur noch für Geld. Als Vermögensverwalter Ihres Vaters kann ich Ihnen sagen, dass Ihr Vermögen immer noch beträchtlich ist. Außerdem steht meine Bank hinter Ihnen, das versichere ich Ihnen. Was immer Breithagen fordert, wir werden es bezahlen!"

„Aber warum soll er unseren Auftrag überhaupt annehmen? Er soll doch bereits sehr reich sein. Man hat mir gesagt, er lebe sehr zurückgezogen auf Trenton Hall." „Ich glaube, liebe Señorita, dass ihn dieser Auftrag reizen könnte. Außerdem kennt er Haiti wie seine Westentasche. Wir müssen ganz einfach versuchen ihn anzuwerben." „Ein gekaufter Söldner – ohne Skrupel, ohne Moral!", sagte Carmen Dolores verächtlich. „Dieser Mann soll meinen Vater befreien? Kann man einem solchen Mann überhaupt vertrauen?"

„Ganz so ohne Skrupel ist er nicht. Erlauben Sie mir, dass ich Ihnen eine Geschichte erzähle. Als er noch sehr jung war, verliebte er sich in eine Frau. Sein bester Freund liebte dieselbe Frau. Die Frau entschied sich für den Freund und wurde dessen Braut. Kurz vor der Hochzeit beging Breithagens Freund eine Unterschlagung. Beide Freunde arbeiteten bei derselben Firma. Breithagen nahm die Schuld auf sich und verschwand. Ein halbes Jahr später kam die Wahrheit ans Licht und Breithagens Freund beging Selbstmord.

Breithagen aber blieb verschwunden. Die Witwe seines Freundes lebte nun in erbärmlichen Verhältnissen. Irgendwie muss Breithagen von ihrer Misere erfahren haben, denn kurz vor ihrem Tod – sie starb bei einem Autounfall, der vermutlich ein Selbstmord war – war er plötzlich wieder da. Er war zu dem geworden was er heute ist: eine tödliche Kampfmaschine. Angeblich war er bei der Fremdenlegion und flüchtete, als er von der Notlage der Frau, die er liebte, erfuhr. Als die Frau starb, zog er sich vorerst auf Trenton Hall zurück.

Doch dann erst begannen seine wahren Abenteuer, dann begann er zu kämpfen, überall auf der Welt. Zugegeben, er hat immer für Geld gekämpft, aber er stand auch stets auf der Seite der Gerechtigkeit. So war er ein glühender Verfechter der Sache Rhodesiens. Und als Duvalier im Jahre 1964 eine öffentliche Säuberungskampagne einleitete, der auch Ihr Vater zum Opfer fiel, und „Papa Doc" einen besonders widerspenstigen Opponenten so gut wie nackt auf dem Hauptplatz von Port-au-Prince in der Sonne schmoren ließ, war es Tarek Breithagen, der den sterbenden Mann losschnitt!"

„Aber wieso war Breithagen zu dieser Zeit in Haiti?" „Das ist mir unbekannt. Doch ein guter Freund hat mir davon berichtet. Nun, ... wir sind da. Das ist Trenton Hall."

Der Wagen, in dem diese Unterhaltung stattgefunden hatte, hielt vor einem riesigen, alten Herrenhaus, das selbst im Nieselregen majestätisch über der angrenzenden Moorlandschaft thronte.

## Tarek Breithagen

Carmen Dolores blickte in die Augen von Tarek Breithagen. Es waren dunkle, ruhige, ja fast sanfte Augen. Scharf musterte sie den Mann, auf den sie ihre Hoffnungen setzte. Breithagen war mittelgroß, aber sehr breitschulterig. Sein Gesicht war zweifelsohne aristokratisch zu nennen. Vor allem der schön gepflegte, kastanienbraune Bart ließ sie im ersten Augenblick an das Bildnis eines spanischen Edelmannes denken, dass sie einst in Madrid gesehen hatte. Der Mann strömte etwas Geheimnisvolles aus. Waren es seine melancholisch wirkenden Augen? War es seine dunkle, tiefe Stimme, die einen fast an einen Shakespeare Darsteller auf der Bühne denken ließ? Was immer es war, Carmen Dolores fühlte sich sofort auf unerklärliche Weise zu diesem Mann hingezogen, von dem sie auf der Fahrt hierher so viel erfahren hatte.

Nachdem Tarek Breithagen eine Zeit lang stumm dem Vortrag von

Sir Edward Hatton-Jones zugehört hatte, unterbrach er ihn mit folgenden Worten: „Sir, der Fall Ihrer jungen Freundin hier ist sicher bedauerlich. Nur kann ich ihr nicht helfen. Es gibt keine Flucht aus Fort Dimanche. Da ich Haiti kenne, gehe ich mit ihnen vollkommen konform, dass sich die Tierheit im Falle Duvaliers und Haitis ganz vorwagen konnte. Doch der Mensch, Sir Edward, ist grausamer als jedes Tier. Das Tier foltert und quält nicht. Nur der zivilisierte Mensch ist zu solchen Gräueltaten fähig. Die Welt nimmt Haiti zur Kenntnis, genauso wie sie den mörderischen Jerry Rawlins in Ghana zur Kenntnis nimmt, oder Idi Amin Dada. Eine Kommandoaktion um einen Gefangenen aus Fort Dimanche zu befreien ist undurchführbar!"

„Ich bitte Sie, Breithagen! Haben Sie nicht damals versucht, Moïse Tschombé zu befreien? Haben Sie nicht hunderte Kambodschaner über die Grenze geschafft?"

„Das ist vorbei. Ich riskiere mein Leben nicht mehr für irgendwelche Auftraggeber. Das Verhältnis zwischen Söldner und Auftraggeber ist schon lange nicht mehr das, was es einmal war. Haben Sie vergessen wie oft man Söldnerkommandos schmählich im Stich ließ, nur weil man sich mit Diktatoren arrangierte? Fragen Sie doch einmal „Mad Mike", Colonel Mike Hoare, der kann ein Lied davon singen!"

„Ich beschwöre Sie, Señor Breithagen, helfen Sie uns! Helfen Sie uns, helfen Sie meinem Vater. Bitte Señor Breithagen, Sie sind meine letzte Rettung! Lenken Sie das Augenmerk der Welt auf Haiti! Die ganze westliche Welt würde einen Erfolg einer solchen Aktion feiern. Ich flehe Sie an!" Carmen Dolores war in Wut geraten. „Sofern es an der Geldfrage scheitern sollte, bin ich bereit, Ihnen alles zu geben was ich besitze. Man ist mir bereits auf den Fersen. Sie werden es nicht glauben, aber man will auch mich töten. Duvaliers Mörder sind in Europa und mir bereits auf den Fersen. Man weiß, dass ich seit Jahren versuche, meinen Vater zu befreien und dass ich auch weiterhin alles tun werde, um ihn frei zu bekommen. Mein Vater ist eine Symbolfigur für Haiti, er ist wichtig für Haiti, begreifen Sie denn das nicht?"

„Sie glauben, er könne die Führung des nicht existenten Widerstands übernehmen? Von wo aus? Von Miami, London oder Paris? Alle Vertreter der mulattischen Oberschicht sind doch im Exil – in Santo Domingo, in Kingston, New York, Miami und Paris!" „Kommen Sie, Sir. Dieser Mann wird uns nicht helfen. Dieser Mann hat keine Ehre!" erwiderte Carmen Dolores. „Vielleicht überlegen Sie es sich noch, Breithagen. Sie wissen wo ich zu erreichen bin."

„Auf Wiedersehen, Sir Edward."

## Reminiszenzen im Moor

Tarek Breithagen stieg vom Pferd, band es an der Koppel fest, nahm seine Pfeife aus der Tasche, entzündete sie und ging mit kräftigen Schritten auf das Moorcottage zu. Das Moor war ihm vertraut, er liebte seinen eigenen Geruch. Oft kam er sogar in der Nacht hierher. Mit flatterndem Cape ritt er durch die Nacht, immer dann, wenn es ihm nicht vergönnt war, Schlaf zu finden.

Auch heute trug er seinen dunklen bis zum Boden reichenden Mantel mit dem großen Cape. „Kitcheners Mantel", dachte er. Er ging ins Cottage und machte Feuer. Die großen Buchenscheite brannten sehr gut, noch besser aber brannte der Torf, den die Hochländer in riesigen Mengen sammelten, um für den Winter gerüstet zu sein. Wohlige Wärme erfüllte nun den kleinen Raum. Tarek Breithagen trank ein großes Glas Whiskey aus der halbvollen Glenfiddich-Flasche, die immer auf dem Kaminsims stand.

Er starrte in das Feuer und ließ seinen Gedanken freien Lauf, während draußen der Wind an die Tür hämmerte. Er dachte an Carmen Dolores, an ihr schwarzes, leicht gewelltes Haar, an ihre mandelförmigen Augen. „Sie ist schön, beinah so schön wie Lara gewesen war. Sollte es möglich sein, dass ich noch einmal Gefühle empfinde, die ich längst verloren hatte? Sollte ich noch einmal lieben können? Nein, zu viel Leid habe ich erfahren, nein, ich kann nicht mehr lieben. Aber kann ich noch kämpfen? Hat es Sinn, nochmals das Leben zu riskieren? Für eine gute und gerechte Sache einzutreten? Habe ich nicht all meine Illusionen verloren?"

Die Sinnlosigkeit aller Kriege und Kämpfe kam ihm erneut zu Bewusstsein, ihm, der ein halbes Leben mit Kämpfen verbracht hatte. Er dachte unweigerlich an seinen Großvater, der im Ersten Weltkrieg für Österreich-Ungarn gekämpft hatte; für Gott, Kaiser und Vaterland war Tankred Breithagen damals ins Feld gezogen; vollkommen desillusioniert war er wiedergekehrt, hatte seinen Degen weggeworfen und die Waffe mit der Feder des Dichters getauscht. Ein paar Verse seines Großvaters fielen ihm ein:

> Sei gegrüßt du Heldenschar
> Die hier beisammen war
> Mit ihrem Herzblut die Geschichte schrieb
> Und auf dem Feld der Ehre blieb.

„Das Feld der Ehre!" Wie oft hatte er Menschen sterben sehen, auf unzähligen Feldern der Ehre! Gute und Böse, Arme und Reiche, Starke und Schwache – im Tode waren sie alle gleich. Blutige Bilder der Vergangenheit tauchten vor ihm auf: eine Missionsstation im rhodesischen Busch, überall nackte, dahingemetzelte Leiber, vergewaltigte Frauen; Kinder, denen man die Ohren abgeschnitten hatte, damals in Katanga; ein Mädchen aus Kambodscha, dem eine Granate den Unterleib weggerissen hatte; hochschwangere Frauen, bestialisch auf lange Eisenstangen aufgespießt.

Erneut dachte er an einige Zeilen seines Großvaters:

> Von Not und Sorgen ganz bedrückt
> Hab ich meine neue Welt erblickt
> Lieb' und Achtung waren nicht mehr hier,
> Lose Reden ohne Glauben schier
> Nun war meine Hoffnung ganz gedämpft
> Für welches Vaterland wir denn gekämpft?

„Wofür soll ich noch kämpfen? Lohnt es sich überhaupt, für irgendetwas zu kämpfen? Aber muss der Mensch nicht trotzdem ein Ideal haben? Verliert er denn nicht jegliche Selbstachtung und sinkt vollends zum Tier herab, wenn es kein Ideal mehr für ihn gibt?"

Tarek Breithagen dachte an all die Gräuel, die er unter der heissen Sonne Haitis erlebt hatte, er dachte an den mörderischen Arzt, der den Eid des Hippokrates tagtäglich umgekehrt hatte, der stets im Schatten von Baron Samedi, dem Obersten der Totengötter von Haiti, gelebt hatte; er dachte an „Papa Docs" Sohn Jean-Claude, dieses fette Monster, welches gnadenlos über das in den Staub getretene Land herrschte und es bis zum letzten Blutstropfen auspresste; er dachte an die Häftlinge in Fort Dimanche, an ihre schweißnassen, gepeinigten Gesichter, an ihre zerschlagenen Gliedmaßen, an ihre ausgemergelten Leiber und er dachte an José Dolores.

Ja, er kannte den Vater von Carmen Dolores. Er hatte seine Bücher über die Menschenrechte gelesen. Er war ihm Anfang 1964 in Pap begegnet und sie hatten eine intensive Unterhaltung geführt. „Ein Mann ist schwach und kann sterben, eine Idee aber wird niemals sterben, wird immer weiterleben, eine Idee kann man nicht ausrotten und vernichten!" So hatte José Dolores damals gesprochen. Und dieser Mann saß nun schon seit sieben Jahren in Fort Dimanche. „Wer weiß ob er überhaupt noch lebt? Kann man so eine lange Zeit in Fort Dimanche überleben?"

Tarek Breithagen klopfte seine Pfeife aus, erhob sich, ging zur Tür und pfiff seinem Pferd. Vielleicht war es die Sache wert, vielleicht sollte er ein letztes Mal zum Schwert greifen, vielleicht sollte er alles daransetzen, José Dolores aus der Hand seiner Peiniger zu befreien.

In seinem Innersten gestand sich Breithagen, dass ihn das zornige Antlitz der schönen Tochter von José Dolores noch immer nicht verlassen hatte. „Auch sie ist ein Grund", sagte er zu sich selbst und stieg aufs Pferd.

## Der Auftrag

„Ihr habt sie also gefunden!" „Ja Exzellenz. Sie ist in England und wohnt in einem abgelegenen Haus in Richmond, etwas außerhalb von London. Sie wird sicher weiterhin alles versuchen, ihren Vater zu befreien." „Gut, sehr gut!", sagte der schwergewichtige aber noch junge Mann und hievte seine gewaltigen Fleischmassen aus dem bequemen Ledersessel empor. Er war sehr groß und glich einem Buddha. Kleine Schweinsäuglein blickten aus dem aufgeschwemmten Gesicht, über das der Schweiß in Strömen rann. Die Mundpartie des Mannes war etwas nach unten gezogen und erinnerte an einen Raubfisch, etwa an einen angreifenden Hai mit Dreifachkinn.

„Bringt mir ihren Kopf! Setzt unsere Männer in Frankreich auf sie an! Bietet ihnen alles was sie wollen, nur löscht sie aus, diese Mulattenlaus, diese dreckige!" „Aber Exzellenz, wäre es nicht viel besser, José Dolores endlich zu liquidieren?", fragte der großgewachsene gutaussehende weiße Mann.

„Nein, mein lieber Hawkins! Nein, tausendmal nein!" Jean-Claude Duvalier hatte diese Worte voller Wut hinausgeschrien. „Nein, quält ihn, peinigt ihn, foltert ihn, doch behutsam. Er soll leben, er darf keinen schnellen Tod haben. Lebenslänglich ist sein Urteil, täglich soll er sterben, tausend Tode, langsam, erbärmlich, jeden Tag soll er sich selbst verfluchen, jeden Tag soll er daran denken, dass er kein Mensch ist, sondern ein Tier, eine Ratte. So hat es mein Vater gewollt!"

Henry Hawkins verließ das Arbeitszimmer seines Chefs. „Der fette Kerl ist doch wirklich unberechenbar", dachte er. Henry Hawkins fungierte als militärischer Sonderberater von Baby Doc. Ein gutaussehender, auf die vierzig zugehender Mann, der seit dem Amtsantritt von Jean-Claude Duvalier diese makabere Position innehatte. Er hatte das Gesicht eines Engels und doch schlug in seiner Brust das Herz eines Teufels.

Duvalier hatte den Briten auf Jamaica kennengelernt, wo sich der Abenteurer Hawkins mit Glücksspiel und Prostitution sein Leben verdiente, ehe er in die Dienste des schwarzen Diktators trat. Er persönlich überwachte die wichtigsten Einsätze der Tonton-Macoutes, der mörderischen Schutzstaffel des schwarzen Machthabers, deren heimlicher Chef er war. Persönlich überwachte er die besonders wichtigen Verhöre und ersann immer neue und teuflischere Foltermethoden. Es bereitete dem perversen Briten immer erneut großes Vergnügen zuzusehen, wie ein Mensch starb, unter der Folter aufstöhnte, wie er aufheulte, wenn die vernichtenden Stromstöße in seinen Körper strömten.

Henry Hawkins war bisexuell und liebte es, seine zeitweisen Gespielen und Gespielinnen zu foltern. Er empfand ganz einfach Freude am Töten, Morden und Quälen. Dieser Mann im makellosen Zweireiher und dem unvermeidlichen Halstuch, das er nie ablegte, auch nicht wenn er schlief, war eine Bestie, ein Mengele unserer Zeit. In ihm fand das Böse seine Verkörperung. Gleich wie Bob Astles, der Berater von Idi Amin Dada, diente er einem schwarzen Diktator, der ihm die Carte blanche in der Handhabung seiner Pflichten gewährte. Er konnte allen seinen morbiden, perversen, todbringenden Neigungen nachgehen, ohne dass jemand seine Kreise gestört hätte. Er war glücklich auf Haiti.

Er residierte in einer alten Villa, die noch aus der Zeit der französischen Okkupation stammte und lebte wie ein Halbgott und obwohl er Duvalier im Grunde hasste, wie er jeden hasste außer sich selbst, war er sein bester Vasall und führte jeden seiner Befehle bedingungslos aus.

**Der Exekutor**

Pierre Toussant stammte aus Haiti, lebte aber seit vielen Jahren in Paris. Sein Handwerk war das Morden. Er war zusammen mit Duvalier zur Schule gegangen und liebte den fetten Potentaten wie einen Bruder. Er war als Student nach Paris gegangen und Student war er geblieben. Da ihm schier unbegrenzte Geldmittel zur Verfügung standen, kümmerte sich kein Mensch um den schwarzen Mann, der zwar kaum eine Vorlesung besuchte, doch im Nobelviertel wohnte und zahlreiche Reisen unternahm. Wann immer er eine solche Reise antrat, war der Tod sein Begleiter, denn dann führte Toussant einen Auftrag aus. Und seine Aufträge endeten immer mit dem Tod seiner Opfer. Duvalier nannte ihn liebevoll seinen „Exekutor". Dieser Mann las soeben seine neuesten Instruktionen.

Der neue Auftrag führt ihn nach Großbritannien. Es galt, die Tochter des Regimekritikers José Dolores, Carmen Dolores, zu liquidieren. Mit der ihm eigenen Akribie ging der beste Mann Duvaliers in Europa nun ans Werk. Alles musste minutiös geplant werden. Ein Versagen durfte es nicht geben. Das Schwert des Todes schwebte bereits über ihr, als ihr Henker Paris verließ, um einen Studienkollegen in Cambridge zu besuchen.

**Baron Samedi**

Die Trommeln dröhnten durch die Nacht. Es war wieder so weit. Die Jagd hatte wieder begonnen. Alle Anzeichen sprachen dafür. Es war allerdings keine herkömmliche Jagd. Das unmenschliche Keuchen der Gehetzten war deutlich vernehmbar in den leergefegten Straßen von Port-au-Prince, das wie eine mechanische, übergroße Lunge aus der Nacht zum Himmel emporstieg, sprach eine deutliche Sprache. Das Wild war menschlich. Der brutale Henry Hawkins hatte seine Tonton-Macoutes wieder auf Menschenjagd geschickt. „Baron Samedi macht seine Runde", sagten die Berater von Hawkins, seine schwarzen Vasallen, die zwar weder schreiben noch lesen konnten, dafür aber die Kunst des Tötens virtuos beherrschten.

Baron Samedi war der Oberste der Guedes, der Totengötter von Haiti, der der Sage nach im Frack und Zylinder seine Rundgänge durch die schlafende Stadt antrat. Rot funkelten seine Augen, wie glühende Kohlen leuchteten sie aus seinem Totenkopf und bei jedem Windstoß öffnete sich der schwarze Frack und gab sein Knochengestell preis. Dieser Sensenmann haitianischer Prägung reichte nun dem Gott der Unterwelt, der auch aus dem Orkus emporgekrochen war, die Hand um gemeinsam mit Baron Samedi seinen tödlichen Nachtausflug zu unternehmen. In fast allen Häusern sah man verschreckte Gesichter, in denen sich die grenzenlose Angst widerspiegelte. Baron Samedi geht um!

Doch wir schreiben das Jahr 1981, die Realität hatte die Legende längst an Grausamkeit übertroffen. Der Baron Samedi des Jahres 1981 hieß Duvalier und dieser ließ wieder einmal alle Schrecken Afrikas auf Haiti los. Assistiert von Henry Hawkins, der auch bei diesem Einsatz das Oberkommando über die Tonton-Macoutes inne hatte, erfreute er sich an diesem neuerlichen „man hunt". Wenn die Opfer nicht sogleich von den Bluthunden in Stücke gerissen wurden, oder von ihren gnadenlosen Verfolgern mit Gewehrkolben erschlagen wurden, oder auch der Befehl ergangen war, manchen Feind des Vaterlandes lebend zu fangen, dann wartete Fort Dimanche auf sie. Dort war Baron Samedi Dauergast.

Soeben war ein Mann von den Bluthunden gestellt worden. Zitternd vor Angst kauerte er vor einer Mauer und betete. Der Geheimpolizist rief die Hunde zurück, gab seinen Kollegen einen Wink und schon eilten sie auf das hilflose Bündel Mensch zu, rissen ihn hoch und schleiften ihn zu ihrem Capitaine. Dieser sah das kleine silberne Kreuz um den Hals des wimmernden Mannes baumeln, sah die dunkle Kleidung und schrie ihn an: „Du bist also ein Christ, ein Priester womöglich?" „Nein, Monsieur le Capitaine, ich bin Novize", kam es leise zurück.

„So", stieß der Hauptmann hervor, „so, so, ein Novize! Zieht ihm die Kleider aus!" Nackt stand der angehende Mann Gottes vor seinem Peiniger und betete laut: „Maria Mutter Gottes hilf!" Dann wandte er sich dem Hauptmann zu, erhob flehentlich die Hände und fiel auf die Knie: „Gnade, Monsieur le Capitaine, Gnade, Erbarmen!" „Gnade willst du Hundesohn? Nein, keine Gnade." Mit voller Wucht trat er dem knienden Mann in den Bauch. „Da hast du deine Gnade!" Immer wieder trat er auf den Schreienden ein, traf seine Genitalien und zerquetschte sie. Der Gepeinigte fühlte wie ein Strom von Blut durch seine Eingeweide rann. Der Hauptmann trat immer noch zu, als sich der Gefangene längst nicht mehr rührte. Schweißnass ließ er schließlich von ihm ab. „Das Schwein ist tot!" Köpft ihn und bringt den Schädel seiner Mutter!" Der grausame Befehl kam aus dem Mund des Mörders wie ein alltäglicher Morgengruß. Die Tat war beendet. Über der wie ausgestorben scheinenden Stadt lag nun völlige Dunkelheit, denn wann immer eine solche Aktion über die Bühne ging, wurde kurzerhand der Strom in der Hauptstadt abgeschaltet. Baron Samedi brauchte kein Licht. Seine roten Augen fanden ihre Opfer vorwiegend in der Dunkelheit. Port-au-Prince fiel in einen unruhigen Schlaf. Es war der Schlaf der grenzenlosen Angst, der Angst vor Baron Samedi, der die Einwohner von Port-au-Prince heimsuchte.

Henry Hawkins beugte sich über die neben ihm liegende makellose Frau. Er fuhr an ihrem Körper entlang, presste ihre Brüste und vergrub sein Gesicht zwischen ihre Schenkel. Plötzlich erhob er sich und ging aus dem Zimmer. Als er zurückkam, hatte er eine Peitsche bei sich. „Dreh dich um!", forderte er sie barsch auf. Die Frau zitterte am ganzen Körper und gehorchte willenlos. Henry Hawkins begann auf sie einzuschlagen, immer wieder, immer wieder ... mit unbändiger Kraft, bis er die Peitsche entkräftet fortwarf. Seine Erregung hatte ihren Höhepunkt erreicht und mit der Wildheit eines Tieres nahm er die junge Mulattin.
Nachdem er sie vergewaltigt hatte, rollte er sich zur Seite und stieß sie angewidert aus dem Bett. „Verschwinde! Komm erst wieder wenn die Narben verheilt sind!", herrschte er sie an. „Ja, Master!", sagte die Mulattin verängstigt und eilte aus dem Zimmer. Henry Hawkins lachte. Es war ein teuflisches, unmenschliches Lachen, das der weiße Baron Samedi von Haiti ausgestoßen hatte.

# Sturmnacht

„Ich habe nicht gesagt, dass es durchführbar wäre. Ich meinte lediglich, dass ich mir die Sache durch den Kopf gehen lasse, dass ich Vorbereitungen treffen werde, um herauszufinden, ob ein solches Befreiungsprojekt auch nur irgendeine geringe Chance hat." „Ich danke Ihnen, Mr. Breithagen. Ich danke Ihnen von ganzem Herzen!" „Danken Sie mir nicht zu früh, Carmen. Ich kann nichts Versprechen. Aber wenn es eine Möglichkeit gibt, dann werde ich alles versuchen, Ihren Vater zu befreien!"

„Darf ich Sie fragen, warum Sie Ihre Meinung geändert haben?" „Ich habe erkannt, dass der Mensch nicht ohne Ideale sein kann. Es hat auch keinen Sinn, jahrelang verbittert zu sein, sich abzukapseln und nur noch in der Vergangenheit zu leben. Wenn es möglich sein sollte, Ihren Vater zu befreien, dann werde ich es tun. Vielleicht finde ich dadurch auch einen Teil meiner Selbstachtung wieder und kann dadurch meinem Leben, das keinen Sinn mehr zu ergeben scheint, eine neue Bedeutung geben. Außerdem kenne ich Ihren Vater."

„Was, Sie kennen ihn?", fragte sie erstaunt. „Ja, ich kenne ihn, kenne seine Bücher und halte ihn für einen großen Mann. Einen Mann wie es sie auf dieser Welt des Hasses und des Betrugs nicht mehr leicht gibt. Ich wollte Ihnen das bei unserem ersten Zusammentreffen nicht sagen, denn ich glaubte damals nicht, dass es irgendetwas geben könnte, wofür es sich lohnt, nochmals zu kämpfen. Ich wollte ganz einfach nicht mehr die Schmutzarbeit für andere tun, ich wollte meinen Kopf nicht mehr hinhalten, ich wollte kein Leid mehr sehen, ich wollte nicht mehr an meine Vergangenheit erinnert werden."

„Sie sind ein eigenartiger Mann, Breithagen." „Und Sie eine betörende Frau!" Ihre Miene verfinsterte sich schlagartig. „Ah, ich verstehe, schimpfte sie verärgert. Sie wollen mich als Draufgabe? Als Belohnung?"

Breithagen sprang wütend auf: „Es ist besser, Sie gehen!" Sie erhob sich und blickte in seine Augen und erkannte wie sehr sie diesem Mann Unrecht getan hatte. „Verzeihen Sie, ich ... stotterte sie." „Es ist schon gut. Ich bin Ihnen nicht böse", erwiderte er.

„Verstehen Sie mich nicht falsch Carmen, Sie sind eine attraktive, bezaubernde Frau und ich ...."

„Aber nein, Sie sind ein überaus interessanter Mann und schon als ich Sie zum ersten Mal sah, fühlte ich mich irgendwie zu Ihnen hingezogen."

Seine Augen schienen sie zu durchdringen, in ihr tiefstes Inneres vorzustoßen und direkt zu ihrem Herzen zu finden.

Breithagen küsste sie, ganz zaghaft und zärtlich, dann heftiger, wilder, fordernder, verlangender. Sie erwiderte seine Küsse, spürte seine Männlichkeit, seinen heissen Atem, sein Verlangen.

Beide waren nicht mehr Herr ihrer Sinne. Was jetzt losbrach war eine ungezügelte Leidenschaft, die sie beide ergriff. In diesem Augenblick vergaßen sie alles, die Zeit schien für einen Augenblick still zu stehen. Es gab nur sie auf dieser Welt und der Sog der Leidenschaft riss sie mit sich; ihre beiden Leiber wälzten sich und umklammerten sich, zogen sich an, immer wieder, bis sie erschöpft in die Kissen sanken.

„Liebste! Niemals hätte ich gedacht, dass ich nochmals dem Rausch der Liebe verfalle. Ich hatte bereits mit meinem Leben abgeschlossen und kannte keine Gefühle mehr. Doch nun bist Du hier, bei mir." „Ach, Tarek, Ich wollte Dich seit jenem Tag, an dem wir uns zum ersten Mal trafen! Ich liebe, wie Du sprichst, wie Du lachst, wie Du mich an siehst, Deine galante Erscheinung und die unbändige unheimliche Kraft, die von Dir ausstrahlt. Du bist wie ein Berg, Du bist mein großer, starker Berg!"

„Ihr Berg!", dachte Breithagen. Konnte es sein, dass er nochmals eine Frau fand, die ihn liebte, ihn, den so viele verkannten, die bereit war, ein Leben an seiner Seite zu führen, die ihm Kraft gab, die ihm neuen Lebensmut einflößte, eine Frau an der Seite von Tarek Breithagen? Wie oft hatten ihn Zweifel geplagt, wie oft hatte er gedacht, dass es vielleicht seine Schuld war, dass es unter Umständen seine eigene Exzentrizität war, die so viele Menschen von ihm abstieß. Wo immer er hinkam gewann er schnell Freunde, doch waren das wirklich Freunde? Freunde die mit einem durch die Hölle gehen. Freunde wie Rassen Khan, Dougie Macleod oder Mike Modena. Seine Männer, die Männer die an seiner Seite gekämpft hatten, verehrten ihn abgöttisch und seine wenigen Freunde liebten ihn, sahen ein Genie in ihm.

Doch gab es andere. Für sie war er ein Dummkopf, ein wahnsinniges Genie, ein Mann aus einer anderen Welt, ein Dinosaurier, der sich aus längst vergangenen Tagen in die Gegenwart hinübergerettet hatte und wie ein einsamer Fels in der Brandung den Wellen der Norm standhielt.

Ein Geräusch an seiner Seite schreckte ihn aus seinen Gedanken Hatte er alles nur geträumt? Ein Lächeln huschte über sein Gesicht; nein, sie war da, das pure Glück strömte durch seinen Körper. Sie war bei ihm. Er spürte ihren warmen Körper, vernahm ihr sanftes Atmen und er sah wie sich ihr makelloser Körper im Rhythmus des Schlafes bewegte. Er betrachtete ihre verführerischen Lippen, ihr dunkles im Schein der Nacht glänzendes Haar und etwas regte sich in seinem Herzen und wuchs zu einem großen Gebäude an. Ein Bollwerk entstand, das vor vielen Jahren zusammen stürzte, in den Staub gefallen und von dem er geglaubt hatte, es würde nie wieder errichtet, das Bollwerk der Liebe. „Liebe ich wieder? Kann es sein? Ja, es ist möglich", beantwortete er seine eigenen Fragen und Gedanken, denn die Frau, die da neben ihm lag und schlief war keine Imagination seiner Träume, diese Frau war Realität, genauso wie es Wirklichkeit war, dass sie sich ihm geschenkt hatte, dass sie sich in ihrer ganzen Fraulichkeit offenbart hatte.

Es war eine stürmische Nacht – draußen im großen Hof von Trenton Hall sowie auch im Herzen von Tarek Breithagen. Der Wind jagte ums Haus, schüttelte die Eichen im Garten, klapperte an den Fenstern und heulte in auf und abwogender Intensität auf. Tarek Breithagen konnte immer noch nicht schlafen. Er lauschte den Geräuschen der Nacht, die sogar durch die geschlossenen Fensterläden zu ihm hereindrangen. Die Melancholie des Herzens, die stets an seiner Seite weilte, schien von ihm abzufallen, schien sich in einem wilden Choral des Windes, eines Windes, der den Namen Carmen vor sich her blies, aufzulösen. Sturmnacht!

„Ja, ich liebe sie, ich lebe wieder!", dachte Breithagen. Er schlang seine Arme um die Schlafende und schloss die Augen. Noch einmal lauschte er dem Wind, dann senkte sich der Mantel des Schlafes über ihn; ein guter, frohgemuter Schlaf, der Schlaf einer Sturmnacht.

## **Vorbereitungen**

Sir Edward Hatton-Jones entzündete seine dicke Havanna Zigarre, blies den Rauch genüsslich in die Luft und sagte: „So haben Sie sich doch für die gerechte Sache entschieden, Breithagen. Ich freue mich für Carmen. Sie ist schon eine faszinierende Frau". „Ja, das ist Sie. Ganz sicher sogar!", antwortete Tarek Breithagen. „Haben Sie schon einen Plan? Wie wollen Sie vorgehen? Wie soll die Befreiungsaktion aussehen? Und vor allem, wieviel Geld werden Sie benötigen?"

„Ich habe noch keinen detaillierten Plan, Sir Edward. Doch ich kann Ihnen versichern, dass das Unternehmen nach vorsichtigen Schätzungen an die 150.000 Pfund ausmachen wird." „150.000 Pfund? Breithagen, das ist eine Unsumme an Geld, das verschlingt beinahe unser gesamtes Kapital!" „Sie meinen das Kapital von Carmen Dolores. Haben Sie ihr nicht versichert, Ihre Bank steht hinter Ihr?" „Ja, doch, ja. Aber eine solche Summe? Ich bin in erster Linie Bankier, das werden Sie doch verstehen, oder?" „Sie brauchen sich keine Sorgen zu machen, Sir Edward. Sollte das vorhandene Geld nicht ausreichen, so werde ich den

Rest selbst beisteuern. Ich werde hundert erfahrene Männer brauchen, dazu zwei Offiziere. Diese zwei Männer sind die wichtigsten. Ohne sie ist das Unternehmen undurchführbar. Ich muss zuerst herausfinden, ob sie noch leben und wo sie sich aufhalten." „Wer sind denn diese zwei Wundermänner?"

„Es sind Freunde von mir und ich habe nicht mehr viele Freunde. Außerdem sind es außergewöhnliche Männer, die weder Tod noch Teufel fürchten und denen ich blindlings vertrauen kann." „Haben Ihre Freunde auch Namen?" „Der eine ist Rassen Khan, der Sohn des verarmten Maharadschas von Ranchipur. Er war mit mir in Katanga. Er spricht fließend sieben Sprachen, kennt die ganze Welt und ist ein hervorragender Sprengstoffexperte. Außerdem ist er der beste Planungschef, den ich je hatte. Seit er Indien verlassen hat, war er bei einigen meiner Kommandoaktionen dabei und zweimal hat er mir das Leben gerettet."

„Und der andere?" „Mike Modena. Er..." „Der Goldminen-Modena? Der exzentrische amerikanische Millionär, der jahrelang in Papua-Neuguinea verschollen war und den Großteil seines riesigen Vermögens verloren hat?" „Genau der. Mike ist einer der besten Piloten, die ich kenne. Auch er besitzt mein uneingeschränktes Vertrauen. Er ist stark wie ein Büffel, intelligent und trotzdem bei aller Härte ein Mensch. Und er kennt Haiti, wie seine „Westentasche", weil er nämlich einmal ein Hotel dort besessen hat. Diese zwei Männer sind für das Gelingen des Unternehmens unentbehrlich."

„Und wo finden wir sie?" „Rassen Khan hat früher in Cap Ferrat ein Haus besessen, ganz in der Nähe der Villa von David Niven. Wo er sich zur Zeit aufhält, weiß ich nicht. Finden Sie das heraus! Um Mike Modena kümmere ich mich selber. Ich glaube, ich weiß, wo ich ihn zu suchen habe."

„Gut, ich werde alles versuchen, diesen Rassen Khan aufzutreiben. Woher bekommen Sie die anderen Männer?" „Lassen Sie das nur getrost meine Sorgen sein, Sir Edward. Finden Sie Rassen Khan und geben Sie mir zwei Monate Vorbereitungszeit, dann kann die Befreiungsaktion für Carmens Vater beginnen."

„Ich hoffe, Sie wissen was Sie tun, Breithagen. Trotzdem freut es mich, dass Sie sich bereit erklärt haben, uns zu helfen. José Dolores war ein alter Freund von mir, das hat Ihnen Carmen sicherlich erzählt." „Er ist ein alter Freund von Ihnen, Sir Edward, er ist es noch immer!"

**Der Spürhund am Werk**

Seit zwei Wochen war Pierre Toussant in London. Er quartierte sich im Dorchester ein, wie immer lebte der bezahlte Mörder königlich. Er benahm sich unauffällig, machte lange Spaziergänge und fuhr zum Spaß des Öfteren nach Richmond. Natürlich ließ er sich nie in der Nähe des Hauses von Carmen Dolores sehen. Dafür hatte er andere Handlanger beauftragt. Er war ein absoluter Profi, der sich selten eine Blöße gab. Die drei Männer, an die er den Tötungsauftrag weitergegeben hatte, waren international gesuchte Killer.

Charles Desmond, ein Texaner, der mit drei Purple Hearts Auszeichnungen 1971 aus dem Dschungel von Vietnam zurückgekehrt war, konnte sich im Privatleben nicht zurechtfinden. So übte er den einzigen Beruf aus, den er erlernt hatte: das Töten. Die horrenden Summen, die er für jeden Auftrag einstrich, erlaubten es ihm, ein Leben in großem Stil zu führen. Der zweite im Bunde des Mördertrios war der Nordire Billy Macknight. Einst überzeugter IRA-Terrorist, war er nun in das wesentlich besser bezahlte Geschäft des Mordens übergewechselt. Billy Macknight arbeitete für jeden, solange nur der Preis stimmte. Es war ihm egal, wen er auslöschte, ob Männer, Frauen oder Kinder. Das Kleeblatt der Killerriege wurde durch Anthony Dawson, dem ältesten und gefährlichsten Verbrecher vervollständigt. Dawson hatte an die zwanzig Menschenleben auf dem Gewissen; nie war er gefasst worden, nie war auch nur der Hauch eines Verdachtes auf ihm gefallen.

Diese drei Männer übergaben nun in der eleganten Suite von Pierre Toussant im Dorchester ihren Bericht. „Ich habe Sie hierherbestellt, Gentlemen", begann der Haitianer, „weil ich will, dass Sie – entgegen Ihrer sonstigen Gewohnheit allein zu arbeiten – gemeinsam einen Auftrag für mich erledigen sollen. Bevor Sie etwas sagen, lassen Sie mich aussprechen. Ich weiß, dass Ihnen das nicht gefallen wird. Doch hören Sie mir zu. Es sind 20.000 Pfund für jeden von Ihnen im Topf. Ich habe Ihre Berichte über den Tagesablauf von Carmen Dolores gelesen. Sie haben gute Arbeit geleistet. Die Berichte stimmen genau mit meinen Recherchen überein. Wir wissen jetzt alles über sie, wann sie ihr Haus verlässt, mit wem sie verkehrt, wir kennen ihre Gewohnheiten, wir wissen, welchen Wagen sie fährt; wir brauchen die Zielperson nur noch zu liquidieren. Sie werden den Dank Haitis und – was etwas wichtiger sein dürfte – 20.000 Pfund erhalten."

„Dies wird unser erstes und letztes Zusammentreffen sein. Hören Sie mir also aufmerksam zu. Bevor ich Ihnen aber den genauen Operationsplan bekannt gebe, möchte ich, dass Sie mir eine Frage beantworten.

Wer ist dieser..." Pierre Toussant blätterte in seinen Unterlagen. „Ah, hier haben wir es. Dinner mit Breithagen im Ritz, Fahrt nach Ascot, Besuch in seinem Haus in Mayfair. Wer ist dieser Mann? Kennt ihn einer von Ihnen?"

Desmond und Dawson schüttelten beinahe gleichzeitig den Kopf, aber der Nordire Macknight sagte: „Dieser Mann scheint mir der Haken an der ganzen Sache zu sein, verehrter Monsieur. Tarek Breithagen ist ein ehemaliger Söldnerführer, ein „Eisenfresser", einer von der ganz harten Sorte. Ich habe von ihm zum ersten Mal in Nordirland gehört. Damals hat er SAS-Leute ausgebildet, die dann in Belfast bei einem Sonderkommando zum Einsatz kamen. Die Hunde legten fünfzehn von unseren besten Jungs um. Der Mann ist immer noch äußerst gefährlich, obwohl er sich schon seit einigen Jahren zur Ruhe gesetzt haben soll. Wenn die Frau einen Mann wie Breithagen zum Freund und Beschützer hat, dann muss sie etwas ahnen. Die ganze Sache scheint faul zu sein, Monsieur!"

Pierre Toussant hatte aufmerksam zugehört. „Tarek Breithagen. Der Name sagt mir gar nichts. Aber ein Söldnerführer, das ist bedenklich. Ich verdopple mein Angebot. Beide müssen liquidiert werden, Carmen Dolores und dieser Söldner. Ich werde deshalb unseren Plan kurzfristig ändern. Sie ist doch am nächsten Mittwoch wie immer bei Sir Edward Hatton-Jones zu Gast. Wahrscheinlich wird dieser Breithagen auch dort sein. Verschafft euch Zutritt zu diesem Haus. Dringt als Klempner, als Telefonleute... oder noch besser, vergesst, was ich soeben sagte. Sir Edward gibt in zwei Wochen bei seinem Freund, dem Herzog von Bedford, einen großen Empfang in dessen Haus auf Woburn Abbey. Lasst euch als Aushilfskellner anheuern. Es werden hunderte von Leuten dort sein. Es dürfte nicht schwer fallen, die beiden auszuschalten."

„Sehr gut. Und wie sollen wir dort wieder weg kommen?", fragte Dawson. „Das ist Ihre Sorge Gentlemen. Bedenken Sie auch, dass, falls jemand von Ihnen den Einsatz nicht überleben sollte, der Übriggebliebene oder die Übriggebliebenen den Anteil des anderen bekommen werden." Die Augen des schwarzen Agenten blitzten auf. „Keiner von euch wird den Anschlag überleben", dachte er. „Ich habe wohl bessere Verwendung für das Geld als ihr!"

„Und wie kommen wir zu dem Geld, gesetzt den Fall die Aktion gelingt?" Diesmal hatte der Nordire die Frage gestellt. „In diesen Umschlägen, Gentlemen", Pierre Toussant deutete auf drei blaue Umschläge, die auf seinem Schreibtisch lagen, „sind jewiels 10.000 Pfund. Das ist Ihre Anzahlung. Den Rest bekommen Sie nach der Ausführung. Sobald

Sie mir vom Erfolg der Mission berichten und zwar auf dem üblichen Weg – wie beim letzten Mal als Sie für uns arbeiteten – ein kurzer Anruf, der nur ein Wort beinhalten wird: Faustin – wird die bewusste Summe auf Ihre Schweizer Konten überwiesen. Noch fragen, Gentlemen? Dann wäre alles besprochen. Trinken wir auf ein gutes Gelingen dieser Operation!" Toussant erhob sein Champagnerglas und blickte die drei Männer an. „Cheers!"

## Voodoonacht auf Haiti

Die Nacht der Blutorgien war wieder angebrochen. Die teuflische Verquickung afrikanischer Riten mit katholischen Glaubensformen, die Synthese der christlichen Lehre mit den schwarzen Mächten, die in Guinea und in Dahomey ihren Ausgang nahm, hatte auf Haiti ihre schaurigste Blüte erreicht. Dieser grausame Kult, der auch in Brasilien in der Maske des Candomblé auftrat, war in seiner satanischen Manifestation in Haiti von Generation zu Generation gepflegt worden, besonders auch von Papa Doc. Sein Sohn bediente sich mit großer Vorliebe der Hilfe der Bokors, der bösen Zauberer, der Meister des Giftmischens.

Unweit einer alten Kirche hatte sich eine große Menschenmenge angesammelt. Die Leute standen vor einem Humfo, einem Voodootempel und warteten auf den Beginn der Zeremonie. Unter den schwarzen Voodooanbetern stand auch Henry Hawkins. Er war gekommen, um einem besonderen Spektakel beizuwohnen. Alles wartete darauf, dass der Hungan, der Priester des Voodoo, assistiert von seinem Humsi, das Zeichen zum Beginn gab. Die Menge umringte zwei Gefesselte. Einer war so schwarz wie die Priester, der andere war ein Mulatte, dessen Haut allerdings schon so weiß war, dass man sie kaum von der eines Europäers unterschieden hätte können.

Diesen bedauernswerten Gefangenen war wohl bewusst was ihnen bevorstand. Sie waren als lebende Opfer vorgesehen. Die Opfer, die der Voodookult sonst forderte, waren zumeist Ziegen, die man im Urwald hoch auf den Bäumen aufknüpfte. Dieses Mal waren die Opfer Menschen, zwei Männer, die vor einigen Tagen in das Netz der Mörderspinne Duvalier gegangen waren. Tagelang hatte man sie verhört, geschlagen und gefoltert bis sie alles zugaben, was ihre Henkersknechte ihnen suggerierten. Nun hatten sie jeglichen Wert verloren, sie waren weniger wert als Tiere, sie mussten sterben.

Henry Hawkins gab das Zeichen zum Beginn der Zeremonie. Das furchtbare Ritual nahm seinen Lauf. Der Hungan in schrecklichem Federkleid stieß einen schrillen Schrei aus. Die ihn umgebende Gemeinde begann zu schreien, laut aufzuheulen. „Loa! Loa!, Oh Geist ergreife Besitz von uns!", sangen die Vorbeter, während der Rest in dem unmenschlichen Geheule fortfuhr.

Die Mambo trat in ihre Mitte und begann zu tanzen. Immer schneller drehte sich die Frau im Kreise, mit rollenden Augen begann sie zu beten, seufzte und schrie. „Loa! Loa!", schrieen die sie Umgebenden. Die Frau geriet schreiend und heulend in Ekstase. Schaum stand vor ihrem Mund. Sie war in Trance. Immer langsamer wurden ihre Kreise bis sie erschöpft und unansprechbar zu Boden sank. „Loa! Loa!", schrie die grölende Menge. Der Hungan trat an die am Boden liegende Frau heran und besprengte sie mit einer eigenartigen Tinktur und erhob beide Arme zum Himmel. „Loa! Loa!"

Fasziniert verfolgte Henry Hawkins das schaurige Schauspiel. Es war eine mystische Szene: das Fackellicht, die zusammengesunkene Mambo mit verdrehten Augen, die brüllende, johlende Menge, der unheimliche Hungan, sie alle glichen jungen Teufeln, die um das Höllenfeuer tanzten.

Nun trat der Hungan an die beiden Gefesselten heran. Mit weit aufgerissenen Augen, in denen die nackte Todesangst zu lesen war, starrten die Gefangenen zu seiner satanischen Gestalt empor. Der Hahn, den der Hungan in den Armen hielt, krähte jämmerlich sein Todeslied in die Nacht hinaus. Mit einem schnellen Schnitt hatte jetzt der Hungan dem Tier den Kopf abgetrennt. Schnell kniete er sich nieder und ließ das Blut aus dem Torso des Hahnes in das Gesicht eines der Gefesselten rinnen. Er fuhr dem Wehrlosen mit blutiger Hand über die Augen, dann wandte er sich dem anderen zu und wiederholte das makabere Ritual. Das Geheul der Menge schwoll an, sie tobten und schrieen und stampften mit den Füßen auf den Boden. Auch Henry Hawkins war in das Geschrei mit eingefallen. Auch er war ganz zum Tier geworden und stampfte und schrie: „Loa! Loa!"

Der Hungan nahm nun eine riesige Machete in die Hand und schwang sie über seinem Kopf. Er drehte sich im Kreise und tanzte selbst den Teufelstanz, ein schwarzer, buntgefiederter, nach Blut, Schweiß und Weihrauch riechender Satan. Wieder schrie er mit aller Kraft, hob die Machete zum tödlichen Schlag und ließ sie auf das Haupt des Opfers niedersausen. Der furchtbare Schlag hatte sofort den Kopf vom Rumpf getrennt und wie ein Bach floss das Blut aus dem enthaupteten Leichnam. Gierig trank der Hungan das Blut des Toten, griff zu einem Becher und fing das immer noch hervorquellende Blut auf. Das zweite Opfer war ohnmächtig geworden. So spürte er nicht wie sein blutbefleckter Richter auch ihm den Kopf abhieb, sein Blut trank und in einen Becher füllte. Nun wurden die Blutbecher gereicht und als die Reihe an Henry Hawkins kam, nahm er einen kräftigen Schluck. „Das ist der Nibelungen Schlaftrunk!", dachte der grausame Mann. „So wie sie einst das Blut der Hunnen tranken, trinke ich hier das Blut meiner Feinde."

Alle erhoben ihre Arme und flehten zu ihrem satanischen Gott, dankten ihm für das Opfer, dankten für den schaurigen Mord, für die bestialische Abschlachtung zweier unschuldiger Menschen. Die Menge begann sich langsam aufzulösen. Henry Hawkins begab sich zu seinem Wagen, den Geruch des Menschenblutes noch auf seinem Gaumen spürend. Voodoonacht auf Haiti!

**Rassen Khan**

„Casablanca!", dachte der Mann, der an der Theke des grell beleuchteten Nachtclubs stand. „Casablanca! Wahrscheinlich kommt bald Humphrey Bogart an der Seite von Ingrid Bergman herein. Wir warten auf Dooley Wilson, er wird uns ‚As Time Goes By' spielen!" Die Augen des Mannes waren glasig. „Camarero!", schrie er plötzlich auf Spanisch, „Remy Martin, pronto!" Der kleine marokkanische Ober brachte eifrig eine Flasche Remy Martin und streckte gierig seine magere Hand nach Geld aus. Der Mann an der Theke fuhr in die Tasche seines Ledersakkos und drückte dem Barmann ein paar zerquetschte Geldscheine in die Hand. Ohne den überschwänglichen Dank des geschäftigen Mannes abzuwarten, setzte er die Flasche an den Mund und nahm einen kräftigen Schluck. Dann ging er obwohl er bereits einiges getrunken hatte, ohne „Wackler" auf das Piano zu. Der Pianospieler, der den daherkommenden Mann kannte, machte sofort Platz und gab dem Discjockey ein Zeichen.

Der Betrunkene stellte die Remy Martin Flasche auf das Musikinstrument und begann zu spielen. Er spielte „As Time Goes By" und summte die Melodie dazu. Er spielte gefühlvoll und obwohl dem Ohr eines musikalisch geschulten Zuhörers aufgefallen wäre, dass ab und zu ein Misston die Harmonie störte, erkannte man, dass der halbbetrunkene Spieler wusste, was er tat. Als das Lied verklungen war, erhob er sich und ging an die Theke zurück. Der dröhnende Lärm der Popmusik drang wieder aus den Lautsprechern, der Gast an der Theke aber schien ihn nicht zu vernehmen. Er hatte die Augen geschlossen und lächelte.

Er dachte an seine Heimat, die Hindutempel, die sich majestätisch zum Himmel erhoben, er dachte an die Tigerjagden, an die Elefanten, die ihn als kleinen Knaben durch die Straßen von Ranchipur trugen, er dachte an den Regen von Ranchipur. Der große Regen! Jetzt war die Regenzeit in seiner Heimat, Ranchipur brauchte den Regen, Regen bedeutete Leben. Wie jedes Jahr stellte er erneut seine Macht unter Beweis, das dürstende Land aber würde die Tropfen aufsaugen, dankbar und froh. „Vergiss niemals den Regen von Ranchipur, mein Sohn!", hatte ihm sein Vater, der nun bei den Sternen ruhte, immer gesagt.

Mitten in diese Reflexionen hinein tippte ihm jemand auf die Schulter. Rassen Khan drehte sich um und betrachtete finster den großen blonden Mann. „Kerel", sagte er in der Sprache der Buren, „mach das nie wieder!" Der Mann erschrak, als er den wilden Ausdruck in den Augen des Inders sah. „Glücklicherweise spreche ich ein wenig Afrikaans, Sir. Darf ich mich vorstellen? Mein Name ist James Burns. Ich muss Sie sprechen Hoheit! Ich bin von Großbritannien angereist, um Sie zu finden." „Was wollen Sie von mir?", fragte der Inder und sprach nun perfektes Cambridge Englisch. „Hoheit, ich komme im Auftrag von Sir Edward Hatton-Jones, des bekannten Bankiers. Er..." „Ich kenne diesen Gent nicht, sagen Sie ihm, er möge die japanische Urashima Legende lesen. Laloki, Mr. Burns!"

Nun hatte sich der merkwürdige Mann, der dauernd die Sprachen zu wechseln schien, in der Sprache der Ureinwohner von Papua-Neu Guinea verabschiedet.

„Hoheit, ein Freund von Ihnen braucht Ihre Hilfe!" „Ich habe keine Freunde! Und jetzt gehen Sie!" „Hoheit, es handelt sich um Tarek Breithagen." Mit einem Schlag schien Rassen Khan bei der Nennung dieses Namens nüchtern geworden zu sein. Tarek Breithagen! „Mein Gott, er lebt also noch! Und er braucht meine Hilfe!"

Aber konnte er dem Mann trauen, der ihn in diesem Nachtlokal gefunden hatte? Kam er wirklich von Tarek? „Haben Sie einen Beweis dafür, dass Breithagen Sie geschickt hat?" Seine Augen schienen den eleganten Mr. Burns förmlich zu durchbohren, unbeeindruckt zog dieser einen Ring aus der Tasche und hielt ihn Rassen Khan unter die Nase. „Glauben Sie mir nun?" Der Ring trug das Wappen von Ranchipur. Er selbst hatte ihn Breithagen einmal geschenkt. „Wo haben Sie den Ring her? Sie haben ihn gestohlen!"

Kaum hatte er das gesagt, als er auch schon handelte. Sein Stoß traf James Burns genau an der Kniescheibe und ließ ihn zusammensinken. Rassen Khan packte ihn und zog ihn ganz nahe an sich heran. „Rede Bursche! Was ist mit ihm? Wo hast Du diesen Ring her? Wie hast Du mich gefunden? Was willst Du wirklich von mir?" „Hoheit!", stammelte er mit zittriger Stimme, „Hoheit, lassen Sie mich, ich bitte Sie! Ich komme wirklich von Breithagen, so glauben Sie mir doch. Er selbst hat den

Ring Sir Edward gegeben. Fragen Sie doch bei der britischen Botschaft nach, dort kennt man mich. So lassen Sie mich doch los!" Rassen Khan lockerte seinen Griff. „Also los, reden Sie, ich höre!"

„Ich habe einen Brief bei mir. Bitte lesen sie Ihn!" Rassen nahm das Papier in die Hand und hielt es gegen das Licht. Zweifelsohne, das war Tarek Breithagens Handschrift. Er erkannte den verschnörkelten Schriftzug; ja, das war die Schrift seines Freundes. „Ich brauche Dich Rassen! Komm sofort. Alles weitere in London!", stand hier zu lesen.

Diese Zeilen genügten dem indischen Fürsten. „Endlich raus aus Casablanca", dachte er, „Tarek braucht mich. Die alten Zeiten werden wieder lebendig!"

**Herz an Herz**

„Woran denkst Du, Tarek?" „Ich denke an die vielen Dinge die ich liebe und die ich nun, dank Dir, wieder liebe." „Was alles liebst Du, Tarek?" „Ich liebe das Meer, die tobende Brandung, den Geruch des frischen Heidekrauts, das Moor, den Nebel, meine Pferde, die Gedichte meines Großvaters, Tschaikowskys Klavierkonzert Nr. 1, Mario Lanza, wenn er „Be my Love" oder „Song of India" singt, ich liebe Errol Flynn als Robin Hood und ganz besonders... Dich!"

„Auch ich liebe Dich, so wie ich noch nie einen anderen Mann geliebt habe. Aber ich habe Angst um Dich, große Angst. Vielleicht solltest Du das Unternehmen aufgeben. Vielleicht kann man meinen Vater auf diplomatischem Wege befreien. Viele Menschenrechtsorganisationen haben in dieser Hinsicht doch sehr viel erreicht." „Carmen, Du weißt genau, dass das Unsinn ist. Niemals wird Duvalier Deinen Vater freigeben und die Erfolge von solchen Organisationen sind gleich Null was Haiti anbelangt. Duvalier und seine Männer lachen doch allen diplomatischen Protesten und allen Forderungen jeder Gefangenenhilfsorganisation ins Gesicht. Nein, es gibt keinen anderen Weg. Ich werde Deinen Vater mit Hilfe meiner Freunde herausholen, verlass Dich darauf."

„Aber wenn Dir etwas passiert, wenn Du nicht mehr zurückkommst? Dann habe ich meinen Vater und meine erst gewonnene Liebe verloren. Dann werde ich ganz allein sein." „Du musst mir vertrauen, Carmen. Ich stürze mich nicht kopfüber in ein derartiges Unternehmen. Ich werde zurückkommen, glaube mir! Ich werde zurückkommen weil Du auf mich wartest."

Breithagen ging zu seinem Schreibtisch, öffnete eine antike Schatulle und entnahm zwei silberne Medaillons.

„Carmen, Du kennst doch das Buch ‚Montezumas Tochter' von Rider

Haggard. Als der Held Thomas Wingfield seine Liebe verlässt, gibt sie ihm ein Medaillon auf dem die Worte „Herz an Herz, sind wir auch weit entfernt", eingraviert sind.

Tarek blickte tief in ihre dunklen Augen, nahm sie in seine Arme, küsste sie zärtlich auf den Mund und legte ihr das Schmuckstück zum Beweis seiner Liebe um den Hals. „Es wird sich alles zum Guten wenden, Darling."

„Man hat Rassen Khan gefunden. Er ist in Casablanca und wird in einer Woche da sein. Mein Freund Mike scheint in Amerika in Schwierigkeiten geraten zu sein, aber notfalls werden Rassen und ich ihm helfen. Sobald wir komplett sind, rekrutieren wir den Rest der Mannschaft auf Guanahani, der Insel San Salvador. Sir Edward wird das für uns arrangieren. Nachdem Rassen einen todsicheren Plan entwickelt hat, geht es los. Haiti ist unser Ziel. Wir zerstören Fort Dimanche, retten deinen Vater und machen uns wieder aus dem Staub. So einfach ist das alles, Darling. Es wird schon klappen."

„Und dann? Was passiert dann?", schluchzte Carmen.

Tarek streichelte ihr sanft über das Haar. „Kannst Du Dir ein gemeinsames Leben in Glocca Morra vorstellen? Wir werden dem kleinen Bach folgen, der nach Donny Cove hinunterführt, wir werden Cork und Kerry sehen, Kilkerry und Kildair."

„Ach wenn es nur schon so weit wäre! Wenn ich nur nicht solch schreckliche Angst hätte!" „Beruhige dich, mein Lamm. Sei ganz ruhig. Ich bin Dein Berg. Hast Du das schon vergessen? Ich bin bei Dir. Dir kann nichts geschehen. Außerdem findet morgen das große Fest auf Woburn Abbey statt und ich will, dass meine Braut dort die schönste von allen Frauen ist. Ich will nicht dass Du Dich fürchtest!" „Jetzt habe ich keine Angst mehr, Tarek. Alles wird wieder gut, wenn Du nur bei mir bist!"

## Empfang auf Woburn Abbey

Billy Macknight betrachtete sich im Spiegel. „Du siehst aus, wie ein echter Ober, sagte er zu sich selbst. Sehr gut. Bald werde ich um 30.000 Pfund reicher sein." Sie hatten ihr Vorhaben bis ins Letzte geplant. Er, Macknight, wirft die Rauchbombe und Desmond und Dawson, die beide unter den zahlreichen Gästen sind, erschießen Carmen Dolores und Tarek Breithagen aus nächster Nähe. Es musste alles sehr schnell gehen. In dem Chaos und Getümmel dürfte es nicht schwer fallen, Woburn Abbey wieder unbemerkt zu verlassen. Es darf einfach nichts schief gehen. Der Plan war simpel, aber gut. Der Nordire fühlte die Nebelgranate in seiner Tasche, genauso wie er die Walter P-P-K fühlte. Er war bereit.

Desmond und Dawson standen gemeinsam in der großen Empfangshalle und blickten auf den reich gedeckten Tisch, an der eine große Anzahl von Gästen bereits ihre Plätze einnahmen. Am Ende der Tafel hatte der Gastgeber, der Herzog von Bedford seinen Platz. Etwa in der Mitte saßen Sir Edward Hatton-Jones, Carmen Dolores und Tarek Breithagen. „Am besten wir legen sie alle drei gleichzeitig um", dachte der rücksichtslose Dawson, dem ein Menschenleben noch nie etwas bedeutet hatte.

Gespannt warteten die beiden Attentäter auf den Auftritt ihres Kumpanen. Doch wo blieb Macknight? Der Herzog von Bedford begrüßte soeben seine Gäste mit der ihm eigenen geselligen, witzigen Art. Er war der Prototyp des britischen Gentleman und obwohl er auf Grund einer Heirat mit einer unstandesgemäßen Frau die britische Hocharistokratie geschockt hatte und einige Jahre in Südafrika im freiwilligen Exil verbracht hatte, genoss er nun doch große Beliebtheit. Der Herzog hatte seine Rede beendet und man erhob sich, um auf die Queen zu trinken. „Queen!", sagte der Herzog und erhob sein Glas. „Queen!" schallte es hundertfach zurück. Das Essen wurde aufgetragen und Dawson und Desmond lachten innerlich, als sie sahen mit welcher Gelassenheit Billy Macknight nun eine große Lachsplatte hereintrug. Er zwinkerte ihnen zu. Sie waren bereit, den Mordauftrag auszuführen, ohne Skrupel, ohne Gewissensbisse, denn das Töten war ihr Geschäft.

Breithagen blickte in das Gesicht des Dieners, der mit geschickten Fingern den Fisch servierte und sich gleich dem nächsten Gast zuwandte. Ein unangenehmes Gefühl machte sich in seinem Magen breit. Er kannte diesen Mann. Durch unzählige Höllen war er gegangen, oft hatte er sich zwischen Leben und Tod befunden und hatte deshalb so etwas wie einen sechsten Sinn für die Gefahr entwickelt. Wer war der Mann? Woher kannte er ihn?

Billy Macknight kam mit einem Serviertablett auf dem vier Champagnerflaschen standen herein und setzte es am unteren Ende der Tafel ab. Er stellte die Flaschen auf den Tisch, wischte sich über den Mund, hustete und nahm sein Tablett, um sich anschließend wieder zu entfernen. Plötzlich drehte er sich um und wirbelte eine Rauchbombe durch die Luft. Die Bombe explodierte ohne das den Gästen überhaupt bewusst wurde, was ihnen geschah. Der riesige Raum verschwand in einem dichten, beissenden Nebel. Instinktiv hatte Breithagen Carmen zu Boden gerissen. Er konnte kaum etwas sehen, aber er fühlte Carmens warme Hand. Die Salven aus den Schnellfeuerpistolen der beiden Mörder tauchte den Raum in ein bizarres Licht. Durch den ersten Feuerstoß wurden einige der Gäste schwer verwundet oder sie waren auf der Stelle tot.

Edward Hatton-Jones war einer von ihnen. Breithagen hatte das todbringende Zirpen wahrgenommen und einen Schlag an seiner Schulter verspürt. „Carmen", schrie er und streckte dabei seinen Arm in Richtung des Attentäters aus. Anthony Dawson hatte sein Ziel bereits anvisiert und feuerte ohne nur einen Gedanken zu verlieren, auf die auf dem Boden liegende wehrlose Frau. „Carmen!", schrie Tarek wieder. „Carmen, oh Carmen!" Die Kugel hatte ganze Arbeit geleistet. Im Rhythmus des Herzens spritzte das Blut im Bereich des linken Lungenflügels aus einer klaffenden Wunde. Breithagen fühlte den warmen Lebenssaft der über seine Finger rann und in kurzer Zeit eine große Blutlache auf dem Marmorboden bildete. Tarek legte Carmens Kopf behutsam auf seinen Schoß und streichelte zärtlich über ihre Wangen. Carmen blickte Tarek mit fragenden Augen an. „Oh, Liebster, was geschieht mit mir," fragte sie mit leiser Stimme. Tränen des Schmerzes flossen über Tareks Gesicht. Dann schloss sie für immer die Augen. Carmen, seine große Liebe, sein Sonnenschein war nicht mehr.

Schreie, Flüche und Hilferufe hallten durch den von Chaos und Rauch durchfluteten Saal. Anthony Dawson und Charles Desmond spulten die hinterhältige Tat mit der Präzision eines Uhrwerks ab. Mit aller Ruhe stiegen die beiden den Luftschacht hinauf und kletterten danach durch das alte, enge Gemäuer. Draußen wartete bereits der Nordire in einem gestohlenen Jaguar mit laufenden Motor. Desmond, der als erster im Freien war, riss die Türe auf und sah in die Mündung eines Revolvers. Der Schuss traf ihn genau zwischen die Augen, ohne dass er nur den geringsten Funken einer Chance gehabt hätte. Dawson sah seinen Kumpel tödlich getroffen zu Boden sinken und erkannte die Lage blitzartig. Obwohl er noch ganz außer Atem war, griff er instinktiv nach seiner Waffe, zog sie zur Hälfte aus dem Halfter, als ihn auch schon die tödlichen Schüsse aus Macknights Revolver trafen. Zwei Kugeln drangen in seine Brust ein, die dritte traf ihn mitten ins Herz.

Billy Macknight schloss die Wagentür und startete. Ein teuflisches „Goodbye, Freunde, guten Ritt in die Hölle!", zischte über seine Lippen. Bereits nach einigen Kilometern fuhr er in eine Seitenstraße um das Fahrzeug zu wechseln. Er hielt an, stieg aus dem Jaguar, holte einen Benzinkanister hervor, übergoss das Fahrzeug und setzte es mit einem gezielten Schuss in den Tank in Brand. Der Jaguar ging sofort in Flammen auf. „Sehr gut, nur keine Spuren hinterlassen!" Alles war perfekt abgelaufen. Danach setzte er sich in den bereit gestellten, gestohlenen Ford Sierra und raste davon. Jetzt galt es zu kassieren. Sein Flugzeug ging in zwei Tagen. Von Zürich aus geht es direkt nach Hamilton auf Bermuda, einige Monate ausspannen, ehe er sich neuen Aufgaben widmen konnte.

Tarek Breithagen blickte auf das bleiche Gesicht von Carmen Dolores. Er hatte darum gebeten, mit ihr allein sein zu dürfen. Er wollte auch keine Fragen der Polizisten mehr beantworten, die den verstörten Gästen des Banketts, das auf so furchtbare Weise zu Ende gegangen war, kaum Ruhe gönnten. Er wollte allein sein mit seinem Liebling, deren gepeinigten Körper man mit einer alten Wolldecke bedeckt hatte. Tausende Gedanken schwirrten durch seinen Kopf. Musste Sie sterben, hätte ich es verhindern können? Er selber hatte nur einen Streifschuss abbekommen. „Herz an Herz", ging es ihm durch den Kopf.

Zum zweiten Mal hatte er einen geliebten Menschen verloren, ehrlich und aufrichtig, einen Menschen, der ihm neuen Mut gegeben hatte. Die Träne, die seine Wange hinunterrollte, war keine Träne des Leides, sondern eine Träne der ohnmächtigen Wut. „Die Mörder werden mir nicht entgehen. Das schwöre ich Dir, Carmen. Und wenn es so ist wie ich glaube, dass der haitianische Mörderdiktator dies angeordnet hat, dann werde ich alles daransetzen, auch ihn zur Strecke zu bringen und wenn es das Letzte ist, was ich auf dieser Welt tue. Deinen Vater befreie ich. Es war Dein Wunsch Liebes – und ich werde ihn Dir erfüllen. José Dolores wird freikommen, das schwöre ich!"

Er beugte sich zu Carmen hinunter und gab ihr einen letzten Kuss auf die erschlafften Lippen. „Jetzt sage ich Dir den Kampf an, Duvalier! Jetzt sollst Du mich kennen lernen! Und Gott gnade dem, der sich mir in den Weg stellen wird!"

Er verließ den Raum und straffte seine Gestalt. Alle Gefühle in ihm waren endgültig gestorben. Er war wieder die Kampfmaschine, er war der alte Söldnerführer, der eiskalte Kämpfer, der einem Einsatz nicht aus dem Wege geht.

Wie durch einen Schleier beantwortete er die Fragen des Inspektors, die ihm so belanglos erschienen. Denn er dachte nur an Carmen und an seine blutige Rache.

**Den Mördern auf der Spur**

Immer wieder las Tarek Breithagen den Bericht den er von der Polizei erhalten hatte. Zehnmal hatte er ihn schon gelesen. Alles hatte er sich eingeprägt. Charles Desmond und Anthony Dawson waren die Namen der beiden Toten, die man im Park von Woburn Abbey gefunden hatte. Beide waren steckbrieflich gesuchte Mörder, doch Breithagen kannte keinen von ihnen. Er las ihr Dossier und stellte fest, dass die beiden Gangster an sich allein zu arbeiten pflegten. Er war fest davon überzeugt, dass dieser Anschlag Carmen gegolten hatte und nicht Sir Edward Hatton-Jones, wie die Polizei vermutete. Es war Duvaliers Werk, das war ihm klar.

Alles sprach dafür. Wer aber war der dritte Mann? Der, der die Rauchbombe geworfen hatte? Vergeblich zermarterte sich Breithagen das Gehirn. Er kannte den Mann, hatte ihn zumindest schon einmal gesehen. Dieser dritte Mann hatte wie es aussieht seine Komplizen kaltblütig erledigt. Vielleicht war dies mit dem Auftraggeber so abgesprochen gewesen. Wer aber war dieser Auftraggeber und war er der verlängerte Arm Duvaliers in Europa? War dieser Mann vielleicht auch noch in London?

Sein Blick fiel auf eine Photographie, die an der Wand hing. Es war ein Bild, das Tarek Breithagen auf einem Pferd zeigte. „Frühling in Drogheda" war darunter zu lesen. Drogheda! Irland! Wie Schuppen fiel es ihm von den Augen; nun wusste er woher er den Ober kannte, den Mann, der die Bombe geworfen und vermutlich seine Komplizen liquidiert hatte. Er hatte ihn in der Terroristenkartei in Nordirland gesehen. Es war der IRA Terrorist Billy Macknight! „So bist Du nun ins Mörderfach übergewechselt, Bursche!", stieß Breithagen hervor. Ein Tag war seit der Tat vergangen. Was hatte Macknight nun vor? Wahrscheinlich möchte er das Land so schnell wie möglich verlassen. Sofort rief Breithagen einen Freund an, der ihm schon des Öfteren gute Dienste geleistet hatte. „Geben Sie mir Sergeant Maxfield, Tarek Breithagen hier. Frank, ich brauche deine Hilfe. Kannst du mir heute noch eine Liste von allen Flügen und Flugbuchungen, die seit gestern London verlassen haben oder in den nächsten Tagen verlassen werden, zukommen lassen."

Maxfield versicherte ihm, dass er die Aufstellung in den nächsten Stunden haben würde. Der Computer arbeitete schnell und präzise. Er legte sich hin und als er zwei Stunden später im Büro von Sergeant Maxfield stand, war die Liste bereits fertig.

In seiner Wohnung überprüfte er die Namen und Flugziele. Immer wieder ging er die Liste durch und immer wieder erregte derselbe Name seine Aufmerksamkeit: Brendan Malone, British Airways, Flug nach Zürich. Abflug morgen 15.40 Uhr von Heathrow aus. Es waren dieselben Initialen – Billy Macknight, Brendan Malone. Er konnte sich auch täuschen, aber sein inneres Gefühl sagte ihm, dass er auf der richtigen Spur war.

Mit Hilfe des Sergeants von Scotland Yard gelang es ihm, herauszufinden wo dieser Malone wohnte. „Ich will gar nicht erst wissen, wozu Du diese Adresse brauchst, Tarek, ich will überhaupt von nichts wissen", sagte Sergeant Maxfield. „Aber wenn er der Mann ist den Du suchst, wenn es dieser Mörder ist, dann werde ich auch nichts wissen, sollte dem Mann in Kürze etwas zustoßen." Sergeant Maxfield zwinkerte Breithagen zu. „Viel Glück Baron!" „Danke Frank." Baron, so hatten ihn seine Männer immer genannt und Frank Maxfield war damals in Katanga sein Sergeant gewesen. Er liebte seinen alten Boss nach wie vor. Für Sergeant Maxfield würde er seine Hand ins Feuer legen.

„Wenn Du Macknight bist, dann bist Du schon so gut wie tot!" dachte Breithagen.

Billy Macknight blickte auf seine Uhr. Es war 12.30 Uhr. Eine Stunde noch, dann kann er sich auf den Weg nach Heathrow machen. Alles hatte wie am Schnürchen geklappt. Gestern hatte er dem Haitianer das Losungswort übermittelt. Zwar erfährt Toussant ja ohnehin alles aus den Medien, aber er hatte die Abmachung eingehalten. Nun warteten schöne, bunte Scheine auf ihn. Die Anteile von Dawson und Desmond gehörten ihm auch. Es hätte nicht besser laufen können.

Der schrille Klang der Türglocke riss ihn aus seinen Gedanken. Wer konnte das sein? Mit einem unguten Gefühl erhob er sich und ging langsam mit schussbereiter Waffe in der Hand, an die Tür. Durch den Spion konnte er einen Mann in einer Postbotenuniform erkennen. Doch in diesem Moment krachte bereits die Tür aus den Angeln. Mit einem gekonnten Tritt hatte Breithagen sie eingetreten. Der verdutzte Billy Macknight konnte nicht einmal reagieren, als Tarek ihm einen wuchtigen Schlag ins Gesicht versetzte. Er stürzte zu Boden, kam zwar erstaunlich schnell wieder hoch, konnte aber dem kräftigen Tritt, in seinen Unterleib, nicht mehr ausweichen. Billy Macknight stöhnte auf und fühlte wie er hochgerissen wurde. Die Schläge klatschten in sein Gesicht, bohrten sich in seine Magengrube, nahmen ihm die Luft. Er hatte keine Chance.

Als er aus seiner Ohnmacht erwachte, fand er sich gefesselt über seine Badewanne gebeugt. Breithagen riss ihn herum und als der Nordire in das Gesicht das Mannes sah, der ihn überwältigt hatte, wusste er, dass es keine Gnade für ihn gab. Breithagen würde ihn umbringen, das war klar. Dieser Mann kannte keine Gnade. „Warum soll ich den dreckigen Nigger schützen?", zischte Macknight hervor. „Wahrscheinlich hat er mich sogar ans Messer geliefert und Breithagen einen Tipp gegeben."

„Nun", fragte Breithagen, „Wer ist dein Auftraggeber?" „Er heißt Toussant, Pierre Toussant, ein Haitianer, er wohnt im Dorchester unter dem Namen Henry Maureaux." sprudelte es nur so aus Macknight hervor.

**Diktatorenalltag**

Lachend eilte Henry Hawkins durch den herrlichen Garten auf den am Swimming Pool liegenden Jean-Claude Duvalier zu. „Gute Nachrichten Exzellenz! Toussant hat seinen Auftrag perfekt ausgeführt. Carmen Dolores ist tot!" Der Diktator erhob sich schwerfällig. „Ausgezeichnet Hawkins, ausgezeichnet! Die Schlampe ist also tot. Toussant soll zurück kommen, ich habe den guten Pierre ja schon lange nicht mehr gesehen. Er hat sich meinen Dank redlich verdient. Teil ihm mit, dass ich ihn in nächster Zeit erwarte." „Ja Exzellenz, selbstverständlich Exzellenz!", sagte Henry Hawkins unterwürfig.

„Sei locker, Hawkins. Runter mit den Kleidern und hinein ins Vergnügen. Was hältst Du von meinem neuen Tiger?" Hawkins blickte auf die weißhäutige Frau, die an der Seite des Diktators lag. „Das ist Jane. Jane ist meine Sekretärin – Henry Hawkins. „Sehr angenehm. Sie sind Amerikanerin?" Duvalier antwortete für sie. „Ja sie ist Amerikanerin – aus Ohio, nicht wahr?" „Richtig", sagte die blonde Frau. „Und Sie sind Brite?" „Aus Cornwall, junge Frau, aus Cornwall!"

Hawkins hatte sich seiner Kleider entledigt und stand nun in der Badehose und lediglich mit einem Halstuch bekleidet neben seinem Chef. „Du musst wissen Jane, unser Freund hier hat einen Tick was sein Halstuch betrifft. Er legt es niemals ab, auch nicht wenn er mit einer Frau schläft, nicht wahr, Hawkins?"

Hawkins antwortete nicht. Sein Blick war auf den jungen schwarzen Mann gefallen, der jetzt ein großes Tablett mit Wassermelonen hereintrug. „Wer ist das Exzellenz?" „Das ist Hyacinth. Ich habe mir gleich gedacht, dass er Dir gefallen wird. Komm näher Hyacinth. Das ist dein neuer Herr. Ich schenke ihn Dir Hawkins; ich kenne doch Deine speziellen Neigungen!"

Der junge stattliche Schwarze stellte das Tablett ab und näherte sich scheu. „Dreh dich um!", rief Henry Hawkins. „Ein Prachtbursche!" Hawkins trat an ihn heran und prüfte ihn in derselben fachmännischen Art mit der ein Pferdehändler ein neues Zuchtpferd begutachtete. Er fuhr ihm die Rückenpartie entlang und streichelte sein Hinterteil. „Du kannst gehen, mein Freund. Melde dich heute Nacht bei mir!" „Na geh schon!", herrschte Duvalier ihn an. „Sehr wohl Exzellenz!"

Duvalier küsste indes die Amerikanerin, drückte sie an sich und patschte mit seinen dicken Fingern auf ihrer Brust herum. „Lass uns schwimmen, Schätzchen!", befahl er. Er nahm sie auf seine riesigen Arme und sprang mit ihr in den Pool.

Henry Hawkins legte sich zurück und sonnte sich. Sein Körper war

33

sehr braungebrannt, bis auf seine Halspartie, die stets durch das Halstuch verdeckt blieb. Während Duvalier, ohne sich viel um Hawkins zu kümmern, die Amerikanerin an sich presste und in einen Rausch der sexuellen Gier verfiel, schweifte Hawkins seinen Gedanken nach. Er dachte an die grässliche Narbe, die er darunter verbarg, an die Narbe, die ihn ein Leben lang an Kingston erinnern wird. Es war eine dunkle, blutrote Narbe, die ihm einst mit einem Schürhaken ins Fleisch gebrannt wurde. Er dachte an den Mann, der sie ihm zugefügte, damals in Kingston. Obwohl der „Drecksack" schon lange tot war, brandete der Hass in Hawkins noch immer wieder in ihm auf. Er befühlte die Narbe und stöhnte auf, so als ob er einen körperlichen Schmerz verspürte. Wenn er folterte, mordete, peinigte, quälte, rächte er sich hundertfach für diese Narbe, rächte sich an unschuldigen Opfern, die nichts dafür konnten, dass er das Schreckensmahnmal trug.

**Besuch in Fort Dimanche**

Unsanft wurde José Dolores aus dem Schlaf gerissen. Schlaftrunken rieb er sich die schmerzenden Augen und blickte in das höhnische Gesicht von „Baby Doc", dem Mann, der all das verkörperte, was er so inbrünstig hasste. „Du besuchst mich, Jean-Claude? Hast Du endlich meinen Tod beschlossen und bist gekommen, um Dich selbst an meinem Schmerz zu weiden? Ich bin ein schwacher alter Mann; ich bin froh, dass ich endlich sterben kann, Jean-Claude. Du kannst mir nicht mehr weh tun. Ich werde sterben, aber meine Idee wird weiterleben. Ich werde Dir kein großes Schauspiel bieten, dazu bin ich zu schwach. Ich bin froh, dass ich endlich sterben kann!"

„Aber nein, mein lieber Dolores, so schnell erlöse ich Dich nicht von Deinen Leiden. Du wirst nicht sterben, noch nicht. Nein, Du hast noch längst nicht genug gelitten. Ich bin lediglich gekommen, um Dir Nachricht von Deinem Töchterlein zu bringen."

„Carmen?" Angsterfüllt schaute Dolores zu Baby Doc auf. „Was ist mit ihr? Wo ist sie?" „Du bist ein gebildeter Mann und kannst natürlich lesen? Und da Du hier so selten Gelegenheit dazu bekommst, habe ich Dir die ‚Times' mitgebracht. Hier nimm sie." José Dolores ergriff die Zeitung, die ihm der Diktator mit einem gemeinen Grinsen entgegenstreckte. In großen Lettern stand da: Mord auf Woburn Abbey! Und das Photo seiner Tochter, seiner geliebten Carmen! „Nein, nein! Du Mörder, Du Monster, Du Satan!" José Dolores wollte aufspringen und sich auf Duvalier stürzen, doch bevor er sich aufrichten konnte, erlahmten bereits seine Kräfte.

Das teuflische Lachen von Jean-Claude Duvalier gellte noch in seinen Ohren, als der Teufel in Menschengestalt längst seine kleine Zelle verlassen hatte. Carmen war tot. Auch das musste er noch erleben. Dahingemordet von den Schergen jenes Mannes, dem es sichtlich Freude bereitete, ihm persönlich die Hiobsbotschaft zu bringen und sein grenzenloses Leid mitanzusehen. Sein Herz schlug bis zum Hals. „Warum nur, warum, warum?" Warum konnte er nicht sterben, warum blieb er am Leben? Warum tötete er sich nicht selbst? Doch auch dazu fehlte ihm bereits jede Kraft.

„Erlöse mich, oh Herr!", betete er still. „Mach ein Ende, bitte!"

Erschöpft fiel er in einen tiefen Schlaf, der ihm jedoch keine Linderung bringen sollte. Immer und immer wieder verfolgten ihn die Schreie der Gefolterten und das Klagen der vielen Toten, die in den unzähligen Massengräbern verscharrt worden waren. Am frühen Morgen werden wieder die Wächter in seiner Zelle sein um ihr sadistisches Spiel von neuem zu beginnen. Unheimlich fiel der Mondschein auf das Konzentrationslager des schwarzen Diktators, in dem der wichtigste Häftling José Dolores den schweren Schlaf des Schmerzes und der Erschöpfung schlief, in dem aber auch andere Opfer des Jean-Claudisme ihren vielleicht letzten Schlaf schliefen.

**Konfrontation im Dorchester**

Pierre Toussant nickte dem Fräulein an der Rezeption freundlich zu und stieg in den Aufzug. Er trug einen weißen Smoking, der den eleganten, pechschwarzen Mann sehr gut kleidete. Er war im Casino gewesen, hatte gespielt, gewonnen, verloren und wieder gewonnen. Es war ein erfolgreicher Abend gewesen. Lächelnd verließ Toussant den Lift und dachte an die gutaussehende, vollbusige dunkelhaarige Frau, die im Casino seine Aufmerksamkeit erregt hatte. Sie war neben ihm gesessen und als er sein Scheckbuch zückte, war ihr plötzliches Interesse an ihm, kaum zu verbergen gewesen. Beim anschließenden Drink erzählte sie ihm, dass sie eine Modedesignerin sei. Toussant war gleich zur Sache gekommen und hatte sie eingeladen, später in sein Appartement zu kommen. Mit Freuden hatte die junge Frau zugesagt, die wohl in Wirklichkeit kaum mehr war als eine Edelnutte. Pierre Toussant war dies bewusst, doch es war ihm vollkommen egal. Sie war weiß, weiß wie der Schnee und Toussant liebte weiße Frauen. Schon bald würde sie ihm gehören.

Er öffnete die Tür zu seinem Hotelzimmer, ging hinein und knipste das Licht an. Verblüfft starrte er auf den bärtigen Mann, der auf seiner Couch Platz genommen hatte. „Wer zum Teufel sind...?" Toussant hielt inne. Er hatte die Pistole in der Hand des Mannes gesehen, eine Waffe, die durch den überlangen Schalldämpfer fast wie ein kleines Gewehr aussah. „Guten Abend, Monsieur Toussant. Setzen Sie sich!" „Was wollen Sie von mir?", stammelte Toussant, obwohl er es sich bereits dachte, dass es nur dieser Söldner, dass es nur Tarek Breithagen sein konnte, der da mit entsicherter Pistole vor ihm saß. „Ich sagte, Sie sollen sich setzen", befahl Breithagen nun etwas schärfer und der Lauf der Waffe zeigte auf den Unterleib des Haitianers. Toussant befolgte widerwillig die Anweisungen Tareks. „Wollen Sie mir nun endlich erklären, was Sie von mir wollen?", fragte er und überlegte fieberhaft, wie er sich aus dieser misslichen Lage befreien konnte.

„Ich bin gekommen, um Ihnen Grüße zu bestellen. Grüße von Carmen Dolores, Grüße von den vielen Opfern, die Sie auf dem Gewissen haben, Toussant. Ach ja, einen hätte ich beinahe vergessen. Billy Macknight lässt auch recht herzlich grüßen. Leider ist ihm ein bedauerlicher Unfall zugestoßen. Er ist in seiner Badewanne ertrunken!" „Mann, ich kenne all diese Leute nicht, von denen Sie da sprechen. Ich kenne sie nicht, Mann. Ich bin ein harmloser Tourist, wer immer Sie sind und was immer Sie wollen, Sie müssen mich mit jemanden verwechseln!"

„Was ich will? Eigentlich nicht viel. Nur Dein Leben. Sie werden mir sicher Recht geben, dass das Leben eines schwarzen Mörders ohnehin nicht viel wert ist, oder?" Tarek Breithagen war aufgestanden. „Deine Zeit ist abgelaufen, Toussant! Das Spiel ist aus!" Toussant begann am ganzen Körper zu zittern, sein Widerstand war bereits nach wenigen Minuten gebrochen. „Aber hören Sie mir doch zu! Vielleicht kann man sich arrangieren. Ich habe 50.000 Pfund in meinem Safe. Die können Sie gerne haben. Auch ich führe nur Befehle aus, genauso wie Sie!" Der dumpfe Klang der Kugel, die Pierre Toussant nun das linke Ohrläppchen abriss, war kaum zu hören. Stöhnend griff sich Toussant mit beiden Händen an die Schussverletzung. „Du Schwein, Du dreckiges Schwein!"

„Na komm schon Freund," sagte Breithagen kalt. „Wo ist das Geld? Du bist doch an einem Arrangement interessiert? Vielleicht überlege ich es mir, wenn Du wirklich so viel Geld hast und ich lasse Dich laufen!" Kochend vor Wut und immer noch jammernd öffnete Toussant den kleinen Wandsafe. Breithagen stand aufmerksam hinter ihm, um bei einer falschen Bewegung schnell reagieren zu können. Toussant griff hinein und packte in aller Ruhe ein Geldbündel nach dem anderen auf den Tisch. Für einen Moment hatte sich Breithagen ablenken lassen, doch es war zu spät.

Mit der Wucht seines ganzen schweren Körpers stürzte sich der große Haitianer auf ihn und schlug ihm mit einem gekonnten Hieb die Pistole aus der Hand. Blitzschnell legten sich seine von Blut besudelten Hände wie Schraubzwingen um seinen Hals. Tarek konnte sich nur durch einen instinktiven Schlag befreien, der den Schwarzen in seine Genitalien traf. Der Griff lockerte sich, Breithagen kam frei und schlug eine schnelle Doublette, die den Magen und den Kopf des schwarzen Agenten traf. Doch dieser zeigte kaum Wirkung und traf Breithagen im Gegenzug mit voller Wucht auf die Nase, dass ihm kurz schwarz vor Augen wurde. Sofort setzte der Haitianer nach und traf Breithagen neuerlich schwer. Er stürzte zu Boden und konnte sich gerade noch zur Seite drehen, als sich der Angreifer auf ihn warf. Mit aller Kraft schlug er seinem Gegner ins Gesicht. Toussant schrie auf, aber Breithagen kannte kein Erbarmen und trat mit voller Wucht noch einmal zu.

Mit lauten Stöhnen hielt sich Toussant sein blutendes Gesicht, während sich Breithagen über den Boden rollte und dabei versuchte seine Pistole zu erreichen. Sofort schoss er und traf den heranstürmenden Schwarzen genau zwischen die Augen. Tödlich getroffen sank er mit einem ungläubigen Ausdruck in den Augen zu Boden. Breithagen erhob sich, wischte sich das Blut mit dem weißen Smokingoberteil von Toussant ab, verstaute das Geld in einer Tasche und legte den Leichnam in das luxuriös ausgestattete Badezimmer. Danach reinigte er sich und seine Kleidung und verließ das Zimmer so als wenn nichts gewesen wäre.

Carmens Mörder waren tot. Er hatte sie erwischt. Doch all dies bedeutete ihm nichts. In seinem Inneren war eine grenzenlose Leere, die nie wieder aufgefüllt werden konnte. Nun war Duvalier an der Reihe, nun wartete José Dolores in Fort Dimanche auf ihn, nun startete er seine letzte Kommandoaktion, den letzten Kampf von Tarek Breithagen.

**Mike Modena**

Mike Modena blickte durch das Fenster des Flugzeuges und sah die schneeweißen Wolken, die einen eigenartigen Tanz aufführten. Die weiße Wolkenpracht erinnerte ihn an eine tief verschneite Winterlandschaft. Man glaubte das Verlangen zu haben, auszusteigen und ein wenig in der himmlischen Winterpracht herumzuspazieren.

Der große, überaus breitschulterige Mann mit dem dünnen, sandblonden Haar lehnte sich zurück und dachte an seinen Freund zu dem er jetzt flog, an Tarek Breithagen. Ein Lächeln huschte über sein Gesicht. Tarek Breithagen. Er dachte an die herrlichen Tage, an denen sie beide die Universität von Stanford unsicher gemacht hatten, damals vor vielen Jahren, als sich Tarek in Kalifornien aufhielt und sie Freunde wurden. Unglaubliche Dinge hatten sich damals zugetragen. Sie waren doch beide so jung, so jung und voller Tatendrang. Die Welt schien ihnen, nur ihnen zu gehören. Modena erinnerte sich an ein ganz besonderes Erlebnis in San Franzisco, wie sie gemeinsam in das Büro des britischen Konsuls spazierten und den verblüfften Mann um ein Darlehen von 15.000 US Dollar baten. „Aber wer sind Sie denn?" hatte der konsternierte Konsul damals gefragt. „Ich bin Tarek Breithagen. Ich spiele Polo mit Prince Philip.", hatte Breithagen geantwortet. „Und ich bin Mike Modena, mein guter Mann!", ja, so hatte er damals gesprochen. Ohne Geld, aber mit vor lauter Lachen schmerzenden Bäuchen waren sie wieder abgezogen. Als sie wieder in Palo Alto waren, bogen sie sich noch immer vor lauter Spaß.

Modena dachte daran, wie er zusammen mit ihm nach Ithaca geflogen war und er als sein Berater für den amerikanischen Kontinent fungierte.

Tarek hatte sich damals in eine junge, hübsche Architektin verliebt und folgte ihr quer über den amerikanischen Kontinent. Mike Modena war an seiner Seite. Er dachte an John Chapman, den dicken jungen Engländer, der ihn immer an Winston Churchill erinnerte. Er dachte an ihr gemeinsames Lied, „Der unmögliche Traum", aus der Man of La Mancha, dass sie im Zimmer ihres Hotels, nach Lust und Laune zu jeder Tageszeit laut gesungen hatten.

Es war eine herrliche Zeit gewesen. Eine Zeit, die niemals wiederkehrt. Fünf Jahre lang hatte er Breithagen nicht mehr gesehen. Doch nun brauchte er ihn, brauchte seine Hilfe und Mike Modena wird seinem Ruf folgen. Bei ihrem Abschied damals hatte ihm Breithagen gesagt, dass er niemals wieder kämpfen wolle. Nun dürfte etwas ganz besonderes passiert sein, dass sich Breithagen seiner entsann und seine Hilfe benötigte.

Er konnte Tareks Telegramm nur entnehmen, dass es sich um eine Aktion in Haiti handelte. „Haiti!", dachte er. Die Hunde hatten ihm ja damals besonders übel mitgespielt. Man hatte ihm sein Hotel konfisziert, weil er angeblich mit Rebellen konspirierte, man warf ihn ins Gefängnis und folterte ihn. Nur der Führsprache des amerikanischen Botschafters hatte er es zu verdanken, dass er noch heil davon kam. Der Botschafter war von seinem „Baron", von Tarek Breithagen, informiert worden. Auch das hatte Mike Modena nicht vergessen.

Die Freundschaft, die ihn mit Breithagen verband, war eine besondere, durch das Band gemeinsam durchfochtener Abenteuer geknüpft. Tarek Breithagen war der Lebensretter von Mike Modena. In Kambodscha war Modena in Gefangenschaft geraten und Breithagen hatte die Sicherheit der gesamten Kommandoaktion und das Leben seiner Männer aufs Spiel gesetzt, nur um ihn zu befreien. „Tarek Breithagen, Rassen Khan und ich!", dachte Mike Modena. Das alte Trio war wieder zusammen.

Mike Modena blickte hinaus durch das Fenster des langsam zum Anflug auf Shannon ansetzenden Flugzeugs. Shannon Airport. Hier wechselte er den Flieger und schon bald wird er seinem alten Freund gegenüberstehen.

Er hatte nicht gedacht, dass er seine Probleme so schnell lösen könnte. Er hatte sogar in Erwägung gezogen, Breithagen und Rassen Khan um Hilfe zu bitten. Doch nun hatte sich alles zum Guten gewendet. Wie so oft hatte er sich selbst geholfen. Er war unterwegs nach Trenton Hall, genauso wie Rassen Khan, der ungefähr zur selben Zeit in London ankam.

ZWEITES BUCH

**Dougie Macleod**

Tarek Breithagen spazierte durch Stornoway, Stornoway! Der Name allein vermittelte den Klang der Weite und der Ferne. Stornoway, die Hauptstadt der Äußeren Hebriden, der weltentrückten, windumwehten Inseln an der Westküste Schottlands, war Tarek Breithagen wohl vertraut. Hier hatte er einen Teil seiner Jugend verbracht. Er blickte hinaus auf das ewige, eiskalte Blau des Minch, wie der Teil des Atlantischen Ozeans hier hieß.

Stornoway! Die Jahre verflogen und Breithagen sah sich im Geiste über die Insel streifen. Er sah die Hochzeit in Shawbost, einem winzigen Dörfchen mit kaum mehr als zehn Häusern, an die er sich so gerne erinnerte, er dachte an Aird, das Dorf wo er aufgewachsen war, er dachte an die Freunde seiner Jugendzeit, an Ian Macleod, Kenny Murdo Macleod, Norman MacMarr und er dachte an Dougie Macleod. Seinetwegen war er nach Stornoway gekommen.

Er machte sich auf den Weg nach Lewis Castle. Das Schloss, das man als erstes erblickte, wenn man mit der Fähre in den Hafen von Stornoway gelangte, war heute ein College. Dort wollte er Dougie treffen. Er marschierte durch die enge Straße, die aus Stornoway hinausführte, hinaus zum Lewis Castle. Er ging über den Golfplatz, der auch viele Erinnerungen barg. „Wenn es eine Heimat für mich gäbe, dann wäre sicher ein Teil davon hier!", dachte er bei sich. Tarek Breithagen fragte sich, ob Dougie Macleod wohl mitmacht. Macleod verdiente sich als Fischer sein

Brot und Breithagen konnte sich des Gedankens nicht erwehren, dass der riesige Schotte, der sein bester Feldwebel gewesen war und die Kraft eines Bären, aber das Herz eines Kindes besaß, nicht allzu glücklich in dieser Funktion war. Sicher, er hatte geheiratet und auch Kinder. „Aber ich brauche ihn ja nur, um die Männer auszubilden. Er soll sie nur auf Vordermann bringen, dann konnte er getrost auf die Hebriden zurückkehren."

Mitnehmen würde er ihn nicht. Keiner wusste, ob sie überhaupt zurückkehrten und Dougies Frau hatte es nicht verdient, dass er sie zur Witwe machte bzw. in Lebensgefahr brachte. Nein, das wollte er nicht. Die Operation Fort Dimanche findet ohne Dougie Macleod statt.

Er näherte sich dem Schloss und erkannte schon von weitem die riesige Gestalt des Schotten. Dougie Macleod war über 1,90 m und wog an die 190 Pfund. Auf den ersten Blick wirkte er äußerst schwerfällig. Aber Tarek Breithagen hatte diesen Mann im Kampf erlebt, er wusste wie schnell dieser Mann war, mit welch tödlicher Präzision er ans Werk ging und wie gefährlich dieser Riese werden konnte, wenn man ihn reizte.

„Hallo Dougie!" „Sorr!", schrie der gewaltige Mann in seinem schottischen Akzent. Sie fielen sich in die Arme und Breithagen bekam die ungeheuere Kraft des Mannes zu spüren, dessen Umarmung ihm beinahe die Luft genommen hätte. „Lass mich los Dougie, Du zerdrückst mich ja!" Douglas Macleod gab ihn frei. „Sorr! Ich freue mich Sie zu sehen, Sir. Es geht also wieder los? Ist Ihnen auch langweilig, haben Sie das feine Leben endlich satt? Sorr, verfügen Sie über mich!"

„Dougie, die Langeweile hat mich nicht dazu veranlasst, ein letztes Mal zum großen Kampf zu blasen. Nein Dougie, diesmal bin ich persönlich betroffen. Dies wird meine letzte, meine allerletzte Aktion werden. Und ich brauche Dich, Dougie. Kannst Du 100 Rekruten für mich ausbilden? Du bist der beste Ausbildner den ich je hatte." „Sorr! Mit Freude Sorr! Bringen Sie mir die Kerle und geben Sie mir einen Monat Zeit und ich werde Männer aus ihnen machen, glauben Sie mir Sorr'."

„Uish, man, uish", sagte Breithagen auf Gälisch. „Uish, nur die Ruhe Dougie. Was wird Deine Frau dazu sagen? Du musst weg von hier, wie Du Dir denken kannst, rekrutieren wir nicht in Europa."

„Sorr! Geht's wieder nach Afrika?" „Nein Dougie, wir werden auf der Karibikinsel Guanahani trainieren; die Männer werden in Europa und Amerika angeworben und auf Guanahani sollst Du sie ausbilden."

„Sorr!" „Aber Dougie, was wird Deine Frau dazu sagen? Du wirst einige Monate weg sein." „Sie wird sicher fluchen Sorr. Aber sie ist eine gute Frau, sie wird es verstehen. Sorr, mir kribbelt's bereits in den Fingern. Guanahani! Auf in die Wärme! Ist vielleicht noch jemand von der alten Garde dabei? Männer, die ich kenne?" „Ja"! Rassen Khan und Mike Modena sind meine Offiziere." „Sorr! Himmel und Hölle. What the dickens! Rassen Khan und Mike Modena! Es wird also wieder heiß werden, Sorr?" „Ganz heiß Dougie, so heiß wie noch nie!" „Sorr!"

„Alright Dougie, wann kannst Du in Edinburgh sein?" „In einer Woche Sorr, ganz bestimmt, in einer Woche bin ich da." „Danke, Dir. Alles weitere wirst Du später erfahren. Wollen wir hinuntergehen und im Caberfeidh Hotel ein kühles Bier trinken und einen Glenfiddich, oder trinkst Du nicht mehr?" „Sorr"! Es gibt vieles was ich nicht mehr tue, aber meinen Whiskey lasse ich mir von keinem nehmen."

Sie spazierten nach Stornoway hinunter, in jene Stadt, in der Tarek Breithagen einen Teil seiner Jugend verbracht hatte. Stornoway war in den üblichen gespenstischen Nebel getaucht, der um diese Jahreszeit zur Abendstunde einzog.

„Du bekommst 15.000 Pfund für den Job, Dougie. Vielleicht wird das Deine bessere Hälfte besänftigen." „Sorr!"

Tarek Breithagen blickte auf das Meer hinaus. Man konnte nicht weit sehen, dazu war der Nebel bereits zu dicht. Doch das Geschrei der Möwen berührte Breithagen angenehm und der kleine Seehund, der soeben wieder in die Fluten getaucht war, rief in ihm Kindheitserinnerungen hervor. Ein eigenartiges Gefühl beschlich Breithagen, so, als ob er wüsste, dass dies sein letzter Besuch in Stornoway war.

## Das Freundestrio

„So Rassen, nun weißt Du Bescheid." „Eine teuflische Sache, Tarek, aber ich bin dabei. Ich kann Dich bei so einer Sache doch nicht allein ins Verderben rennen lassen. Aber Scherz beiseite, haben wir Kartenmaterial von der Gegend um Fort Dimanche und von Fort Dimanche selbst?", fragte der indische Fürst. „Selbstverständlich Rassen. Es liegt für Dich alles bereit. An Dir liegt es, einen Deiner todsicheren Pläne auszuarbeiten. Aber wahrscheinlich müssen wir vorher noch nach Stanford, Mike scheint in Schwierigkeiten zu sein." „Was, Mike? Der wird seine Schwierigkeiten allein lösen, verlass Dich darauf!" „Aber ich brauche ihn so schnell wie möglich, denn ohne ihn starten wir die Aktion nicht."

„Natürlich Tarek, ich..." In diesem Augenblick betrat der Diener den Raum. „Mr. Mike Modena für Sie, Sir!", meldete er in gewohnt nasaler Butlermanier. Schon betrat der große Amerikaner das Wohnzimmer von Tarek Breithagen. „Mike!" „Tarek!" „Rassen!" Die Freunde eilten aufeinander zu und umarmten sich. „Mike, wie kommst Du hierher?"

„Nun, geschwommen bin ich nicht. Ich bin geflogen!", sagte Modena und lachte sein bellendes entwaffnendes Lachen, das sie schon immer mitgerissen hatte.

Alle drei lachten laut auf. „Aber Mike, im Ernst, hast Du mir nicht telegrafiert, dass Du in Schwierigkeiten bist?" „Kleine Fische, Tarek, ein paar üble Kerle glaubten, sich mit mir anlegen zu können. Nun, sehen sie sich die Radieschen von unten an. Aber wo bleibt Deine Gastfreundschaft? Bekommt ein armer Wanderer keinen Whisky mehr in diesem Hause?"

Wieder lachte er herzhaft auf. Breithagen ging an die Bar und öffnete sie. „Hier, bediene Dich!" Mike Modena füllte sein Glas halbvoll und leerte es in einem Zug aus. „Ah, nun ist mir wohler. Also los, erzähle. Worum geht es und was hat es mit Haiti auf sich?"

Breithagen erzählte mit ruhiger Stimme, verriet jedoch nicht, wie sehr die neuerliche Erzählung der traurigen Ereignisse ihn innerlich aufwühlte. Der sensible Rassen Khan, der seinen Freund genau kannte, aber fühlte wie es um Breithagen stand, sagte: „So, jetzt werde ich die Geschichte zu Ende erzählen. Ich kenne sie bereits und ganz umsonst soll ich mein Geld ja auch nicht verdienen."

Als der Inder zu Ende war, schüttelte Mike Modena den Kopf. „Dieses dreckige, fette, schwarze Schwein! Den darf ich nicht in die Finger bekommen. Ich bin dabei, Tarek. Du weißt, dass ich mit meinen alten Bekannten, den Tonton-Macoutes noch ein Hühnchen zu rupfen habe." „Ich weiß und da Du Haiti am besten von uns dreien kennst, wirst Du Rassen bei der Ausarbeitung des Planes helfen. In ein paar Tagen wird Dougie in Edinburgh eintreffen und dann können wir beginnen die Männer für das Unternehmen auszusuchen." „Was sagst Du, Baron? Der alte Teufelskerl Dougie ist mit von der Partie?" „Ja, er wird die Männer ausbilden. Es gibt keinen besseren Mann als ihn!"

Rassen Khan zog Mike Modena zu sich heran. „Er hat vergessen, Dir zu sagen, dass 20.000 Pfund für Dich und mich drinnen sind". „Sehr interessant. Und wer wird das schöne Unternehmen finanzieren?" „Carmen Dolores hat ihr gesamtes Vermögen in einen Fond zur Befreiung ihres Vaters gegeben und den Rest steuere ich bei!" Ich brauche dein Geld nicht. Du weißt hoffentlich, dass ich auch ohne Geld mitmache?" „Ja Mike, das weiß ich. Rassen hat mir das auch angeboten, aber ich will das nicht. Und jetzt lasst uns essen!", sagte Breithagen müde.

Nach dem Essen saßen sie am offenen Kamin und plauderten über die alten Zeiten. Rassen Khan nahm einen kleinen Schluck aus seinem Glas und sagte: „Ihr werdet es nicht glauben, aber in letzter Zeit überkommt mich immer wieder ein Gefühl des Heimwehs, des grenzenlosen Heimwehs nach Ranchipur. Ihr wisst, das dort jetzt Regenzeit ist, der Regen von Ranchipur. Wie wäre es wenn wir alle nach Ende dieser Aktion nach Ranchipur fahren? Zehn Jahre war ich nicht mehr in Ranchipur, zehn Jahre habe ich keinen Tiger mehr in freier Wildbahn gesehen. Unweigerlich zieht es mich nun nach Ranchipur zurück. Fast jede Nacht träume ich von der Heimat. Nun, was sagt ihr?"

Mike Modena lachte leise. „Ja, Rassen, das wäre schön, eine Tigersafari mit meinen Freunden, mit meinen besten Freunden. Ja, das wollen wir machen, nicht wahr Tarek?" „Ja", antwortete Breithagen. „Wie gerne würde ich auf einem Elefanten durch Ranchipur reiten. Doch der Auftrag, der vor uns liegt, Freunde, kann für jeden von uns den Tod bedeuten." „Aber, das war doch immer so, Tarek. Hör auf zu grübeln, warum soll es uns gerade dieses Mal erwischen? Wir werden schon durchkommen. Wir befreien José Dolores, mein Freund, und wir werden auch auf Dich aufpassen, nicht wahr Rassen?"

„Selbstverständlich!", bekräftigte der Inder. „Ranchipur wartet, Tarek. Wir werden es schaffen!"

„Es ist gut, solche Freunde zu haben", dachte Tarek Breithagen. Aber wenn wir alle umkommen? Habe ich sie dann nicht in den Tod gestürzt? Sollte er die Aktion doch noch abblasen? Nein, er konnte nicht mehr zurück. Sie würden dies auch nicht zulassen. Sie waren seine besten Freunde, die besten Freunde, die ein Mann haben konnte.

**Die Rekruten**

Sie saßen in der großen Lobby des North British Hotels, das immer noch den Ruf hatte, das beste Hotel der schottischen Hauptstadt Edinburgh zu sein. Douglas Macleod blickte auf das kleine Häuflein der kleinwüchsigen, fast arabisch oder türkisch wirkenden Männer, die sich um Rassen Khan geschart hatten. Es waren weder Araber noch Türken, es waren Männer, die den Gurkha Rifles, der aus dem Empire übriggebliebenen Elitesoldaten der Briten, angehört hatten. Sie standen im Dienste des indischen Fürsten und gehorchten ihm bedingungslos. Sie waren genügsame, beinharte, ausdauernde und erfahrene Kämpfer, sie waren für den Kampf geboren und gedrillt worden. „Sie brauchen fast keine Ausbildung mehr", dachte Douglas Macleod, denn diese Männer waren immer in ausgezeichneter Form.

An die dreißig Mann hatten sich um Mike Modena versammelt. Es waren fast durchwegs Männer, die Modena persönlich kannte. Sie kamen aus Missouri, aus Tennesee, aus Texas und Oklahoma und sie alle waren Veteranen, riesige Burschen ohne besondere Bildung und ohne Skrupel. Sie kämpften für Geld, sie riskierten ihr Leben aus ganz unterschiedlichen Gründen. Manche liebten ganz einfach das Abenteuer, die Gefahr und den Kampf. Andere brauchten dringend Geld, die meisten konnten sich im Zivilleben nicht mehr zurechtfinden. Alle hatten sie für ihre Heimat gekämpft und als sie zurückkehrten, wollte man sie vielfach nicht mehr haben. Sie hatten die Dreckarbeit getan, während die großen Herren in Whitehall und Washington nach getaner Arbeit nichts mehr von ihnen wissen wollten. Man zog es vor, sie totzuschweigen. Beachtete sie nicht, heftete ihnen zwar ein paar Orden an die Brust, doch dann sollten sie am besten im Dunkel der Nacht verschwinden und nicht zuviel Aufhebens machen. Schon immer seit sich die römischen Feldherren der Vorfahren dieser Männer aus aller Herren Länder bedienten, war dem Söldner das gleiche Schicksal beschieden gewesen.

Die Männer, die sich nun in der Lobby des North British Hotel versammelten, wussten all das, denn sie waren die Söldner der Gegenwart, die Söldner des 20. Jahrhunderts.

Macleod überprüfte jeden Einzelnen, mit Ausnahme der Gurkhas natürlich, denn diese waren mehr als zuverlässig, sie waren der Kern, um den Tarek Breithagen seine kleine Söldnerarmee aufbaute. Doch einige machten Douglas Macleod Sorgen. Es waren auch Mörder unter den Männern, der riesige Texaner mit dem schwarzen Westernhut, der misstrauisch durch die Gegend blickte, war angeblich sogar ein Frauenschänder und vielfacher Mörder. Er hatte die Vereinigten Staaten verlassen müssen, als ihm der Boden dort zu heiß wurde. Er war niemals angeklagt worden, aber was Douglas Macleod von einigen der Männer erfahren hatte, so hatten sie es hier mit einer eiskalten Mordbestie zu tun. Douglas Macleod liebte das nicht, solchen Kerlen konnte man nicht trauen. Er nahm sich vor, mit dem „Baron" darüber zu reden und ihm ans Herz zu legen, auf den einen oder anderen zu verzichten. Breithagen würde es verstehen, wie er ohnehin nur die Besten und Zuverlässigsten auswählt, das wusste Douglas Macleod.

Auch Macleod machte sich Gedanken um seinen Einsatz. War er noch so gut, wie er früher gewesen war? Ist er noch allem gewachsen, dem unheimlichen nervlichen Druck, der bei all diesen Aktionen auf ihm gelastet war? Doch Macleod wusste, dass diese Anspannung, der erhöhte Pulsschlag, bei ihm immer nur während der Vorbereitungsphase zu spüren war, im Moment der Gefahr, im Einsatz kannte er keine Hektik, er wird dann wieder ganz der Alte sein, der beste Mann im Söldnerhaufen von Tarek Breithagen.

„Die Aktion kann starten!", sagte Breithagen. „Ich habe die Männer, die mir für geeignet erschienen, zusammen gestellt. Soeben bin ich die Liste nochmals mit Dougie durchgegangen und ich glaube wir haben die besten Jungs die man für Geld kriegen kann." „Jawohl, Sorr!" „Wir haben 40 Gurkhas, die Rassen führen wird. Leider mussten wir einige von den Söldnern wieder nach Hause schicken, sie waren für uns nicht vertrauenswürdig genug. Abschaum unbestimmten Ursprungs können wir nicht gebrauchen. Wir müssen uns hundertprozentig auf unsere Soldaten verlassen können, genauso, wie bei unseren bisherigen Einsätzen. Und sollte jemand aus irgend welchem Grund unser Himmelfahrtskommando gefährden, so Gnade ihm Gott.

Douglas Macleod fragte: „ Wieviel Zeit haben wir noch Sorr?" „48 Stunden, Dougie, warum?" „Sorr, ich möchte mich noch von meiner lieben Frau verabschieden. Ich habe ihr zwar gesagt, dass ich eine Weile weg sein werde, aber ich finde, ich sollte nochmals mit ihr sprechen." „Gut, Dougie!" „Dir wird nichts passieren, alter Freund!", dachte sich Breithagen, "ich werde Dich heimschicken nachdem Du die Männer kampfbereit gemacht hast, Dougie, hab keine Angst!"

„Also gut, übermorgen fliegen wir nach Guanahani. Du fliegst mit den Männern, Dougie. Ihr landet in Bridgetown, Barbados. Dort werden Rassen, Mike und ich zu euch stossen. Mit einer kleineren, von uns gecharterten Maschine fliegen wir dann nach Guanahani, wo Du die Männer ausbilden wirst. Nun, Dougie, wollen wir Rassen und Mike einen echten gälischen Trinkspruch vorführen?" „Sorr!" Douglas Macleod erhob sich und prostete den drei Freunden zu. „Slaince!", sagte er. „Auf eure Gesundheit!"

„Auf unsere Gesundheit! Das ist gut!", ging es Breithagen durch den Kopf. Unsere Gesundheit wird bald in Mitleidenschaft gezogen werden. Aber vielleicht sollte er nicht allzu pessimistisch sein. Vielleicht geht die Aktion wirklich reibungslos über die Bühne, für die Männer wenigstens. Er hatte ja noch eine Rechnung mit Baby Doc zu begleichen. War José Dolores erst einmal befreit, dann hatte er Zeit, dann konnte er sich in aller Ruhe mit dem schwarzen Machthaber von Haiti beschäftigen. Er würde ihn auslöschen, er musste ihn auslöschen, sonst findet die Seele von Carmen Dolores keine Ruhe. Er musste die Welt von diesem Monster befreien. Doch zuerst galt es, José Dolores aus Fort Dimanche herauszuholen und dieses gespenstische Konzentrationslager zu zerstören.

Als ihn seine Freunde verlassen hatten, ließ Breithagen sein Pferd satteln und ritt hinaus zu seinem Moorcottage. Er lauschte den ihm so vertrauten Geräuschen des Moores, hörte das eigentümliche Blubbern, wanderte durch den Nebel und atmete tief durch. Wieder beschlich ihn dasselbe, eigenartige Gefühl, das ihn schon in Stornoway gepackt hatte. Es war, als ob der Nebel und das feuchte Heidekraut ihm einen letzten Gruß entboten, als ob sich das Moor von Tarek Breithagen zu verabschieden schien. Sogar das kleine Cottage schien traurig auf ihn niederzublicken und Tankred Breithagen blickte melancholisch auf seinen Enkel von seinem Gemälde über dem Kamin herunter. Er verschloss das Cottage wieder und ritt an. Er warf einen letzten Blick zurück auf das kleine Häuschen, in dem er glückliche Tage der stillen Einkehr zugebracht hatte, während der Wind sein schwarzes Cape um seine Ohren flattern ließ.

**Der Bokor**

Mein Bokor wird mir einen Zombie schaffen, einen menschlichen Roboter, der nur zu meinem persönlichen Schutz da sein wird. Ich werde über ihn verfügen, ich ganz allein, ich werde sein Gott sein, er wird mein Geschöpf sein!" Erstaunt hatte Henry Hawkins den Worten seines Chefs zugehört. „Nun ist er vollkommen verrückt geworden!", dachte er. „Aber Exzellenz, Sie werden doch nicht an Zombies glauben, ich habe zwar schon oft davon gehört, für mich jedoch gibt es Zombies nur in schlechten Filmen."

„Schweig Hawkins!", herrschte Duvalier seinen Sonderberater an. „Was weißt Du schon von uns? Häh? Trotz der drei Jahre, die Du nun hier bist hast Du nichts von unserem Land gelernt. Wir sind hier nicht in Jamaika, kapiert? Das ist Haiti, Land des Voodoo und Land der Bokors! Hier wird kein Rastafarikult betrieben Hawkins! Mein Vater hat immer auf seine Bokors gehört und auch ich vertraue ihnen. Du ahnst nicht welche Macht diese Zauberer besitzen. Sie besitzen eine unheimliche Erfahrung im Gebrauch ihrer Gifte und sie sind in der Lage, einen Menschen auf große Entfernung zu töten!"

„Absoluter Quatsch!", dachte Hawkins, wagte aber nicht mehr, seinem unberechenbaren Herrn zu widersprechen. „Ich sehe es Dir an Hawkins, dass Du mir nicht glaubst, nicht glauben willst und mich wahrscheinlich sogar für schwachsinnig hältst. Lieber Freund, es gibt eine vollkommen rationale Erklärung für das Phänomen der Zombies. Der Bokor geht folgendermaßen vor: bei der Erschaffung des Zombies führt er durch Gifte, die nur ihm bekannt sind, den Scheintod eines Menschen herbei und lässt ihn begraben. Noch in derselben Nacht wird der Scheintote ausgegraben und dann werden ihm Zaubermittel eingeflößt, die ihn zu halbem Leben erwecken. Nun ist der Zombie perfekt

Hawkins; er geht, wacht, isst, schläft, kämpft, tötet, arbeitet und das alles vollkommen willenlos. Denn das ist das wahre Geheimnis des Zombie, er hat seinen Willen verloren. Er hat keinen eigenen Geist mehr. Er spricht auch nicht mehr, alle Befehle führt er mechanisch aus, wie eine vollautomatische lebende menschliche Maschine. Er besitzt weder Urteilskraft noch Verantwortungsgefühl. Er weiß nicht was er tut!"

Duvalier hatte sich in überschwängliche Begeisterung geredet. Seine Augen glänzten teuflisch. Wie ein schwarzer, riesengroßer Höllenhund saß er auf seinem gewaltigen Stuhl und zeigte seine weißen Zähne. Sein höhnisches Grinsen ließ sogar den hartgesottenen, perversen britischen Mörder erschaudern.

„Man verlacht zwar die ganze Angelegenheit und schweigt sie tot, doch beim Andenken meines Vaters Hawkins, Zombies existieren so wie Du und ich. Ich habe sämtliche Fälle dieser Art sammeln lassen. Sie wurden alle registriert. Hier einige Beispiele, noch von den staunenden Marines aufgezeichnet, die, wie Du weißt, von 1915 bis 1934 unser Land besetzt hielten. Nummer eins, mein ungläubiger Hawkins. Eine Frau wurde begraben und von ihrem Mann sehr betrauert. Ein Jahr später begegnete ihr der Mann in Pap, auf dem Marktplatz, sehr weit von ihrem Heimatort entfernt. Sie erkannte ihn nicht, sah mit glasigen Augen an ihm vorbei, nahm ihn nicht im Geringsten wahr. Sie war ein Zombie geworden. Man brachte sie ins Spital, untersuchte sie, befragte sie, doch sie gab keine Antwort, zeigte keinerlei Reaktion und innerhalb einer Woche war sie tot! Nun Hawkins, was sagst Du jetzt?"

„Exzellenz, das ist ungeheuerlich. Ich..." Duvalier unterbrach ihn scharf. „Das ist nicht alles. Major Burnside entdeckte 1932 zwei zwölfjährige Mädchen. Auch sie waren Zombies, sie waren Diebinnen und führten unwahrscheinlich geschickte Einbrüche durch. Der Major verhörte die willenlosen Mädchen und ließ sie anschließend in ein Hospital bringen. Nach kurzer Zeit starben sie, ohne ein Wort gesprochen zu haben. Beispiele gibt es genug Hawkins. Die ärztliche Wissenschaft, die übermächtige Medizin die Herzverpflanzungen durchführt und andere revolutionäre Entdeckungen macht, hat keine Ahnung, keinen blassen Dunst, welch komplizierte Chemikalien von unseren Bokors angewandt werden, um den Zombie am Leben zu erhalten. Es ist phantastisch Hawkins. Du hast Deinen Gegner vollkommen in der Hand; Freund oder Feind ist Dein willenloser Sklave, der jeden Deiner Befehle ausführt. Heute Abend sollst Du zusehen, wie ein Zombie erschaffen wird; ich will, dass Du dabei bist, dass Du ein erneutes Zeichen meiner Macht demonstriert bekommst."

Hawkins war beindruckt und beängstigt zugleich. Wie wenn es dem fetten Popanz einfiel, ihn zum Zombie zu machen? Sollte es all das was Duvalier nun in seiner herrischen, diktatorischen Art vorgebracht hatte wirklich geben? Trotz dieser Gedankenspiele war eine ungeheure Neugierde in Henry Hawkins erwacht. Das Außergewöhnliche, das Abartige übte eine besondere Faszination auf den perversen Mann aus, genauso wie ihn alles Böse anzog, wie das Licht die Motte.

Das merkwürdige, primitive Laboratorium in das Baby Doc seinen Handlanger geführt hatte, erinnerte den Briten an Mary Shelleys Buch „Baron Frankenstein". Überall in dem schmutzigen Raum standen Reagenzgläser mit schaurig kochenden Flüssigkeiten, die eine Farbenbuntheit sondergleichen ausstrahlten. Kleine Becher und Gefäße, Tinkturen und Mischungen aller Art standen auf dem einfachen Tisch des haitianischen Frankenstein, der nun den Raum betrat. Er verneigte sich vor Duvalier und der Diktator umarmte den zahnlosen Alten. Hawkins blickte in das verwelkte Gesicht des Zauberers, spürte seinen ekligen Atem, als er auch ihm die Hand reichte. Hawkins ergriff die Hand des Bokors und erwiderte den Druck. Eiskalt waren diese Hände mit spinnendünnen, feingliedrigen, knochigen Fingern. Der Mann war selbst Hawkins unheimlich.

Ein paar Männer kamen in die Hexenküche und trugen einen Leichnam, den sie auf den Tisch des Bokors legten. Der Mann allerdings war nur scheintot. Henry Hawkins traute seinen Augen nicht. Der Vogelscheuchenmann, der Bokor, flößte ihm mehrere gelbe Flüssigkeiten ein und schon nach kurzer Zeit begann sich der Mann zu regen. Er war noch jung und von untersetzter, stämmiger Statur. Seine Augen starrten ins Leere, schienen durch Hawkins und Duvalier hindurchzublicken, so als ob sie nicht vorhanden wären.

Der Bokor beugte sich zu dem lebenden Toten hinab und flüsterte ihm etwas ins Ohr. Hawkins hatte nicht verstanden, was der schwarze Magier gesagt hatte, denn er hatte sich eines einheimischen, kreolischen Dialekts bedient. Der Bokor zeigte auf Duvalier, der sich nun auch auf kreolisch mit dem Zauberer unterhielt. „Jetzt pass auf Hawkins!", schrie Duvalier. Er gab dem Zombie einen Befehl und der Mann stand auf und kam auf Hawkins zu. „Was soll das? Exzellenz, was soll das?", rief Hawkins, der dem Schlag des schwarzen Angreifers gerade noch ausweichen konnte. Doch dann ergriff ihn der Zombie und warf ihn zu Boden. Noch ehe sich Hawkins aufrichten konnte, war der Unheimliche über ihm und begann ihn zu würgen. Hawkins wehrte sich mit aller Kraft, konnte aber der übermenschlichen Kraft des willenlosen menschlichen Roboters wenig entgegensetzen. Ihm wurde schwarz vor Augen. Doch da ließ der Zombie von ihm ab. Duvalier hatte nur ein Wort gesprochen und schon zog sich der Zombie zurück und stand an Duvaliers Seite.

Hawkins erhob sich mühsam und massierte seinen angeschwollenen Hals. „Nun Hawkins? Glaubst Du jetzt an die Macht des Bokor, glaubst Du jetzt an die Zombies?" Am liebsten hätte Hawkins Duvalier auf der Stelle umgebracht, doch er wusste, dass er diesem Monster nicht gewachsen war. „Ja Exzellenz!" würgte er hervor. „Ich bin ganz in seiner Hand", dachte er, „ich darf ihn niemals mehr verärgern."

Doch nun trat Duvalier an ihn heran und reichte ihm die Hand. „Tut mir leid, mein lieber Hawkins. Diese Demonstration war wohl ein wenig hart. Aber ich wollte Dir nur beweisen, dass meine Angaben stimmten und dass es gefährlich ist, meinen Worten keinen Glauben zu schenken.

Das Spiel ist aber noch nicht beendet. Jetzt sollst Du ein Beispiel meiner grenzenlosen Macht über den Zombie erleben!" Erneut gab Duvalier einen Befehl. Henry Hawkins glaubte seinen Augen nicht zu trauen, als er sah wie der Mann begann, sich mit einem großen Messer den Bauch aufzuschlitzen. Der Mann betrieb Harakiri, ohne einen Laut des Schmerzes von sich zu geben. Mit aller Kraft stieß er sich das Messer in die Eingeweide und fiel blutend zu Boden. Der Bokor kicherte und verneigte sich vor Duvalier. „Komm Hawkins, lass uns gehen!"

Sie verließen den unheimlichen Raum und ließen den Bokor mit dem in seinem Blute liegenden Zombie zurück. Was sich hier ereignet hatte war eine Ausgeburt satanischer Hirne, ein dämonischer Spuk, eine Demonstration einer teuflischen, todbringenden schwarzen Magie, die der schwarze Belzebub in Menschengestalt angeordnet hatte. Duvalier lachte innerlich. Er hatte seine Macht unter Beweis gestellt. Henry Hawkins war nun völlig in seiner Hand. Der Bokor hatte den Zweifler zum Schweigen gebracht.

## Die Zombiegarde

Ein Monat war vergangen seit Henry Hawkins der teuflischen Erschaffung und befohlenen Hinschlachtung des ersten Zombies, den er je in seinem Leben gesehen hatte, beiwohnte. Hawkins widersprach seinem Gebieter nicht mehr. Zu unberechenbar war der gefährliche Mann, der sich nun mit einer Garde von zwölf Zombies umgeben hatte. Zwei dieser willenlosen Gestalten waren immer beim Diktator. Stumm und regungslos standen sie neben ihrem Herrn mit ausdruckslosen, leeren Augen. Sie wirkten völlig harmlos, die wachenden Schlafenden, doch

Hawkins wusste, dass nur ein kurzer Befehl genügte, um sie zu mörderischem Leben zu erwecken.

Henry Hawkins war nicht mehr ganz wohl in seiner Haut. Er, der nie zögerte wenn es darum ging, einen Menschen zu peinigen, er, der so viele brutale Morde auf dem Gewissen hatte, bekam es plötzlich mit der Angst zu tun. Das erste Anzeichen der schwindenden Gunst seines Diktators war der Angriff des Zombies in jener furchtbaren Nacht gewesen. Doch die Anzeichen dafür, dass er mehr und mehr in Ungnade fiel, häuften sich.

Henry Hawkins betrat sein geräumiges Schlafzimmer und betätigte den Lichtschalter. Müde warf er die Bettdecke zurück und erschauderte. Vor ihm lag der Kopf seines Gespielen Hyacinth! „Das ist das Werk der Zombies!", schrie er innerlich auf. „Ich muss weg von hier, so schnell wie möglich weg von hier!", sagte ihm sein Instinkt, doch er wusste genau, dass es kein Entrinnen aus der haitianischen Hölle gab.

Als er dann vor Duvalier trat, um ihm über eine bevorstehende erneute Säuberungsaktion großen Stils zu berichten, erwähnte er den Vorfall mit keinem Wort. Duvalier hörte seinem Bericht gespannt zu, erhob sich und ging schwerfällig durch den Raum. Drei und viermal durchschritt er das Zimmer, einem gefangenen Tiger gleich, ohne auf Hawkins zu achten. Dann sagte er plötzlich: „Was ist mit Toussant los? Warum kommt er nicht? Verdammt noch mal, Hawkins – finde das heraus!"

„Exzellenz, wir können ihn nicht erreichen. Nach unseren letzten Informationen soll er im Dorchester sein. Unter welchem Namen Toussant abgestiegen ist, ist uns jedoch nicht bekannt. Das einzige was wir in Erfahrung gebracht haben, ist, dass ein Mann mit französischer Staatsangehörigkeit, auf den die Beschreibung Toussants passt, mit einer Kugel im Kopf aufgefunden wurde. Womöglich handelt es sich bei dem Toten, um Toussant. Die Polizei tappt in diesem Fall zur Zeit aber noch vollkommen im Dunkeln. Sie vermuten jedoch, dass es sich bei dem Mann um einen Drogenhändler gehandelt hat, der den Männern der Londoner Mafia in die Hände gefallen sein dürfte. Aber vielleicht ist er aber doch in der Schweiz und vergnügt sich mit einer seiner weißhäutigen Gespielinnen."

Hawkins hatte sich den letzten Satz nicht verkneifen können. „Deine dummen Sprüche kannst Du Dir sparen!", stieß Duvalier hervor. „Überhaupt scheinst Du Deine Kompetenzen bei weitem zu überschätzen. Ich warne Dich ein letztes Mal. Reize mich nicht noch einmal, überlege Dir jedes Deiner Worte genau, sonst könnten es Deine letzten gewesen sein".

Wütend ging Duvalier auf einen der beiden Zombies zu und versetzte ihm einen derart heftigen Schlag, dass er sich um seine eigene Achse drehte und zu Boden ging. Brutal trat ihm Duvalier in den Bauch. „Verdammt, verdammt!", schrie er. Der Zombie erhob sich, ohne die geringste Miene zu verziehen und baute sich hinter dem thronähnlichen Sessel Duvaliers wieder auf.

„Irgendetwas ist im Gange, ich spüre es. Toussant muss tot sein, das ist ganz klar. Der getötete Franzose im Dorchester ist niemand anderer als er. Meine Bokors haben mich gewarnt. Jemand trachtet mir nach dem Leben. In einem Monat ungefähr wird – laut den Warnungen meiner Bokors und Du weißt, dass man ihre Aussagen nicht in Zweifel ziehen darf – wird etwas gegen meine Person unternommen werden. Aber ich bin bereit, ich werde jeden niedermachen, der sich mir in den Weg stellt. Die Säuberung, die Du vorschlägst Hawkins, ist gar nichts gegen das Blutbad, das ich jetzt unter meinen Gegnern anrichten werde. Ich habe hier eine Todesliste mit 200 Namen, Hawkins. Jeder Einzelne auf dieser Liste muss sterben. Diesen Auftrag werde ich Dir übergeben, innerhalb von drei Tagen müssen diese Hunde in meiner Hand sein. Das ist Deine letzte Chance! Schaff mir diese Kerle vom Hals. Bring mir einen Beweis Deiner Freundschaft und Treue zu mir und ich werde Dir noch mehr Macht geben. Enttäuschst Du mich abermals Hawkins, dann geht es Dir wie unserem lieben Freund Hyacinth, ist das klar?"

„Exzellenz, ich werde alles tun, um Sie zufrieden zu stellen und Ihre Gunst wiederzugewinnen. Ich weiß, dass Sie nur Feinde haben, die auch die Feinde des Vaterlandes sind. Ich weiß, dass Sie Ihrem Volk der beste Herrscher sind, ich weiß, dass Sie Haiti sind!"

„Danke Hawkins. Du kannst gehen", antwortete Duvalier. „Exzellenz!" Duvalier lachte in sich hinein. Die kleine Rede von Hawkins hatte ihm gefallen. Er sah sich gerne als Wohltäter seines geknechteten Volkes. „Ja, ich bin Haiti!", dachte der größenwahnsinnige, machtbesessene Schwarze. „Ich bin das Vaterland und meine Feinde sind die Feinde des Vaterlandes, ich bin der Pulsschlag Haitis, ich allein herrsche über Haiti!"

Henry Hawkins stieg die Stufen von Duvaliers Palast hinab. „Das war noch einmal gut gegangen", sagte er sich. Er würde den Potentaten schon wieder versöhnen, er würde die Läuse, die sich im Pelz des dicken Bären verfangen hatten, zerquetschen, er würde sie vertilgen auf seine eigene Art. Warum sollte dann nicht alles so wie früher werden? Warum sollte er sich nicht auch einen Zombie zulegen? Wenn diese Aktion das Gefallen Duvaliers fand, dann würde er ihn erneut ins Vertrauen ziehen.

Henry Hawkins, der glaubte wieder Oberwasser zu bekommen, war längst selbst zur Puppe in den Händen des mächtigen Diktators geworden, auch er war ein Zombie, wenn er auch noch seinen Willen besaß, auch er gehörte zu Duvaliers Zombiegarde, er wusste es nur noch nicht.

**Massenmord**

Die Lastwagen des Todes rollten über die staubige Landstraße. 200 Opfer des Jean-Claudisme warteten auf ihre Exekution! Hineingepfercht wie Tiere kauerten, lagen und lehnten die bedauernswerten menschlichen Kreaturen, eng aneinander gepresst, in den großen Fahrzeugen.

Fünf Wagen mit je 40 Insassen fuhren ihrem Schicksal entgegen. Der Mann, der sich an der Spitze einer Jeepkavalkade befand, war Henry Hawkins, der weiße, denkende Zombie Baby Docs. Er war wieder ganz in seinem Element. Vergessen war die Schmach, die Duvalier ihm zugefügt hatte, vergessen der Angriff des wieder zum Leben erweckten Scheintoten, vergessen die bestialische Vernichtung seines Gespielen Hyacinth, der auch ein Opfer seiner homosexuellen Neigung geworden war, vergessen die Angst vor dem eigenen Tode.

Henry Hawkins war wieder zum getreuen Vasallen seines Befehlshabers geworden. Er hatte die Macht über die 200 Männer und Frauen und er wird sie gebrauchen. Er führte das Mordkommando, er hatte den Oberbefehl. Die Machtgier ergriff erneut Besitz von ihm und stolz blickte er aus dem offenen Jeep.

In einem großen Talkessel wurde Halt gemacht. „Vorhang auf zum ersten Akt!", schrie Hawkins und gab Befehl, die Insassen des ersten Wagens aussteigen zu lassen. Man drückte den Männern Schaufeln in die Hand und ließ sie große Löcher graben. Sie alle wussten was ihnen bevorstand. Hier wurde ein Massengrab errichtet. „Schneller, schneller!", trieb Hawkins sie an. „Schlaft nicht ein, ihr Hundesöhne!" Verzweifelt gruben die nur spärlich bekleideten Männer, als plötzlich zwei von ihnen die Schaufeln wegwarfen und die Flucht ergriffen. Sie hatten aber nicht den Funken einer Chance, ihre Mithäftlinge konnten nur von blankem Entsetzen gepackt mitansehen, wie Henry Hawkins selbst zur Maschinenpistole griff und die Flüchtigen niedermähte. Das ganze Magazin jagte der grausame Mörder in die Leiber der sich längst nicht mehr rührenden, förmlich durchlöcherten Gefangenen.

„Was glotzt ihr so? Weitermachen, weitergraben, los!" Als sie die lange Grube ausgehoben hatten, nahm man ihnen die Schaufeln weg und zog ihnen die Kleider aus. Nackt mussten sie sich in einer langen Reihe aufstellen. Das Exekutionskommando nahm Aufstellung. „Feuer!"

kommandierte Hawkins mit grässlich verzerrtem Gesicht. Die Ermordeten kippten kopfüber und mit dem Gesicht nach vorne gewandt ins Massengrab. Massenmord auf Haiti! Henry Hawkins blickte hinunter auf die leblosen blutenden Körper. Da und dort regte sich noch einer. Wieder griff der Brite zur Waffe und wahllos schoss er in den Haufen von Menschen, bis sich keiner mehr von ihnen rührte.

In den restlichen drei Wagen konnte man die Schüsse und das Schreien der Sterbenden deutlich hören. Im zweiten Wagen saßen ausschließlich Frauen. Sie wussten, dass sie die nächsten an der Reihe waren, sie wussten, dass der Tod bereits nach ihnen griff. Doch sie waren machtlos, sie konnten nur abwarten bis auch sie Erlösung fanden, Erlösung im Tod, herbeigeführt durch die Hand des bestialischen Henry Hawkins.

Der Konvoi fuhr weiter. Nichts als der frische Erdhaufen unter dem die Verscharrten lagen erinnerte daran, dass hier ein Massaker stattgefunden hatte.

Der nächste Stop war nahe einer Steilküste. „Holt die Frauen heraus!", befahl Hawkins. Auch ihnen wurden die Kleider vom Leib gerissen. Nackt mussten sie vor Henry Hawkins Aufstellung nehmen. Die zwei Schönsten wählte er für sich selbst aus.

„Bevor ihr sie nieder macht, könnt ihr euch noch ein wenig mit ihnen vergnügen. Ich gebe euch drei Stunden Zeit."

Jubelnd nahmen die Männer der Tonton-Macoutes Hawkins Befehl entgegen. Er selbst aber ließ ein Zelt errichten und befahl, die zwei nackten Frauen, auf die seine Wahl gefallen war, hineinzubringen. Er ließ sie auf den Boden werfen, sodass sich ihm ihre nackten Leiber entgegenstreckten. Schon hatte er die Peitsche in der Hand und begann auf die wimmernden Frauen einzuschlagen. Überall draußen konnte man das Schreien, Flehen und Klagen der Geschändeten vernehmen, genauso wie das laute Keuchen ihrer Peiniger.

Als Henry Hawkins das Zelt verließ, hatte er zwei wundgepeitschte, brutalst vergewaltigte Frauen zurückgelassen, die – kaum dass sie sich ein wenig von der grausamen Tortur erholt hatten – herausgezerrt und an die Steilküste getrieben wurden. Die meisten von ihnen waren kaum noch fähig zu stehen, erschöpft trafen sie die tödlichen Kugeln, der Tod erlöste sie von ihren Qualen, ließ sie nicht den Schmerz spüren, als ihre Körper auf den von Meerwasser umspülten Klippen zerschmetterten.

„Gute Arbeit!", lachte der unmenschliche Hawkins. „Los, es geht weiter!" Die Lastwagen rollten wieder an. Nun ging es nach Fort Dimanche. Die restlichen Opfer ließ Hawkins aufhängen. Rund um Fort Dimanche standen die Galgen, baumelten die Erhängten, die nichts verbrochen hatten, außer dass Duvalier sie für gefährlich hielt. Henry Hawkins schritt die Reihe der Galgen ab und dachte an Spartakus, der mit seinen Gefolgsleuten an der Via Appia Roms aufgehängt worden war. Er hatte gute Arbeit geleistet, Duvalier wird zufrieden mit ihm sein. Der Henker hatte sein Werk vollbracht.

Massenmord auf Haiti! Schwarz senkte sich die Nacht herab, senkte sich herab über Fort Dimanche, über die Erhängten, die immer noch an ihren Galgen hingen. Eine tiefe Stille breitete sich aus. Kein Windhauch war zu verspüren, das Land schien den Atem anzuhalten, schien still zustehen wie die Toten, deren Herzen zu Schlagen aufgehört hatten.

**Guanahani**

Nach der Überlieferung hatte Christopher Kolumbus hier am 12. Oktober 1492 seinen Fuß auf den Boden der neuen Welt gesetzt. Daran dachte Tarek Breithagen, als er um die Watling's Castle Ruins spazierte. Auf diesem verfallenen Herrensitz, der inmitten einer ehemaligen Baumwollplantage lag und nach dem berühmt-berüchtigten Piraten Captain John Watling, der die Insel Guanahani um 1680 herum zu seiner Zufluchtsstätte erwählte, benannt worden war, trainierten die Männer von Tarek Breithagen unter der Patronanz des schottischen Feldwebels Dougie Macleod ihren Einsatz auf Haiti.

Kolumbus hatte die Insel San Salvador genannt. Doch Breithagen gefiel der Name, den die präkolumbischen Einwohner für die Insel gefunden hatten, wesentlich besser. Guanahani! Der Name barg den Hauch der Ferne und der Romantik in sich. Romantisch aber war das, was Dougie Macleod jeden Tag mit ihnen betrieb, kaum zu nennen, es war wohl härtester Söldnerdrill, den der bärenstarke Schotte von ihnen forderte.

Die Gliedmaßen von Breithagen schmerzten nicht mehr. In vier harten Wochen hatte er jedes überflüssige Gramm Fett herunter trainiert. Längst war der Muskelkater verflogen, den er anfänglich verspürt hatte. Er befand sich in Hochform, genauso wie seine Männer, die zwar fluchend und keuchend den Anweisungen von Feldwebel Macleod gefolgt waren, doch nun auch einen Grad absoluter Hochform erreicht hatten, wie er selten zustande kam. Dougie hatte hervorragende Arbeit geleistet. Die Männer beherrschten den Nahkampf, würden in der Lage sein, problemlos ihre Fallschirme zu gebrauchen, konnten es mit allen Gegnern aufnehmen, auch mit Duvaliers Tonton-Macoutes und den Henkersknechten in Fort Dimanche.

Morgen gibt Rassen das ausgearbeitete Unternehmen bekannt. Breithagen kannte noch nicht alle Details des von Rassen und Mike ausgearbeiteten Planes. Doch die Männer waren bereit und wenn der so gut war wie die vorangegangenen, die der Inder ausgeheckt hatte, dann konnte die Befreiungsaktion für José Dolores in wenigen Tagen starten.

Doch eines bleib vorher noch zu tun. Es galt, Dougie Macleod mitzuteilen, dass er seine Arbeit wie immer hervorragend getan hatte und nun heimfliegen konnte.

Als der Schotte in Breithagens Baracke kam, lachte dieser und reichte ihm die Hand. „Ich möchte Dir danken Dougie! Du bist der Beste der Besten. Du hast ausgezeichnete Arbeit geleistet!" „Sorr. Was soll das alles? Es geht doch erst los!" „Nein Dougie, nicht für Dich. Du wirst nach Stornoway zurückkehren – zu Deiner Frau und Deinen Kindern. Ich hatte das immer so geplant. Die Männer da draußen, Dougie, haben keine Familien wie Du. Ich will Dein Leben nicht aufs Spiel setzen, Dougie. Flieg heim zu Deinen Liebsten!"

„Sorr, gestatten Sie, dass ich Ihnen sage, dass Sie mit diesem Vorschlag zum Teufel gehen können! What the dickens! Ja glauben Sie ernsthaft, dass ich diese faulen Nieten da draußen zu Männern gemacht habe, nur um sie dann im Ernstfall allein zu lassen? Sorr, ich mache mit und keiner kann mich davon abhalten!" „Doch Dougie, ich. Du machst nicht mit, sondern fliegst nach Hause. Das ist keine Bitte sondern ein Befehl!"

„Mit Verlaub gesagt Sorr, auf diesen Befehl pfeife ich. Ich befolge ihn ganz einfach nicht? Wollen Sie mich mit Gewalt daran hindern ein Auge auf die Burschen zu werfen? Sie werden es nicht glauben, aber ich habe so etwas wie Freundschaft für die Kerle entwickelt, ich mag sie und den sturen Kommandanten, der solch wahnwitzige Befehle ausgibt und mich hier lassen will, den mag ich am meisten!" „Dougie ich..."

„Das ist alles Sorr. Ich betrachte die Unterhaltung als beendet. Und wenn ich nicht mit soll, dann müssen Sie mich schon zusammenschlagen lassen Sorr!"

Tarek Breithagen hörte die Tür zuknallen. Er hatte alles versucht, aber es war sinnlos, einem Mann wie Macleod etwas ausreden zu wollen, das er sich in den Kopf gesetzt hatte. Eigentlich war Breithagen froh, Dougie nun doch dabeizuhaben. Er war schon ein bemerkenswerter Mann und er war sein Freund, ein Freund, der für ihn durch dick und dünn ging. Außerdem gibt er den Männern große Sicherheit. Ja, es war gut, dass Dougie mit von der Partie war. Es sollte wohl alles so sein. Alle waren bereit. Rassen Khan konnte seinen Plan vortragen, dann musste er nur noch in die Tat umgesetzt werden. „Sieh Dich vor, Duvalier, ich komme, ich bin unterwegs!"

## Der Plan

Rassen Khan deutete auf die riesige Karte, die auf dem Holztisch lag. „Fort Dimanche besteht aus vier großen um einen viereckigen Hof gebaute Gefängnisanlagen. Das Ganze gleicht einer Schlosszitadelle oder einem alten Kloster. Nach unseren Informationen sind die fünf Wachtürme rund um die Uhr besetzt. Die Anzahl der Gefangenen kennen wir nicht, da die Zahl ständigen Änderungen unterworfen ist. José Dolores ist in einer Einzelzelle in der Nähe von Wachturm vier eingesperrt. Die Besatzung des Forts beträgt ca. 300 Mann, das sind immerhin dreimal so viel als wir, doch sie werden nicht alle kampfbereit sein, denn die meisten von ihnen werden schlafen. Wir kommen im Morgengrauen, schalten zuerst die Wachposten aus, dringen in die Schlafsäle ein und setzen die Soldaten in den Schlafräumen außer Gefecht. Das mag grausam klingen, doch wenn man in Betracht zieht, wie viele unschuldige Menschen im Laufe der Zeit von der Besatzung dieses Konzentrationslagers liquidiert worden sind, dann wird man die Notwendigkeit dieser Aktion verstehen. Mike Modena und sein Trupp werden also die Ruheräume stürmen, während der Baron José Dolores befreit. Ich selbst werde mit meinen Gurkhas zuerst die Wachen ausschalten, euch die Tore öffnen, die Funkzentrale besetzen, die Fahrzeuge unbrauchbar machen, bis auf die Wagen, die wir zu unserem eigenen Abtransport benötigen und mich dann auf die Lauer legen, um sichergehen, dass wir von niemandem überrascht werden."

Rassen Khan blickte in die Runde. Douglas Macleod rieb sich das Kinn und sagte: „Sorr, wie kommen wir hin?" „Wir fliegen, deshalb auch das Fallschirmtraining", antwortete Breithagen. „Wir unterfliegen den Radarbereich der Luftabwehr, nehmen kurz vor unserem Ausstieg den Druckausgleich in der Maschine weg, steigen aus und pirschen uns dann in der Dämmerung an Fort Dimanche heran. Rassen Khan und seine Gurkhas eliminieren wie gesagt die Wachen. Die Gurkhas werden hierzu eine lautlose Waffe verwenden – ihre Messer."

„Aber Sorr, wie kommen sie denn ins Fort hinein?" „Das hat uns auch lange beschäftigt, Dougie. Wie Rassen schon in seiner Erläuterung erwähnt hat, handelt es sich bei Fort Dimanche um eine Art Schloss. Wir wissen von einem Geheimgang, der direkt in den Hof führt und in der Nähe des Schuppens hier bei der Zisterne endet. Breithagen zeigte mit dem Finger auf den mit Zisterne bezeichneten Punkt auf der Karte. Von dort aus gelangen wir lautlos durch die Säulengänge auf die Wachtürme. Rassen wird dann die Hauptmacht unter der Führung von Captain Modena hereinlassen. Ihr schaltet dann die Schlafenden aus. Der Lärm wird nicht weiter stören, denn Rassen und ich werden die Wachtürme einnehmen, einen nach dem anderen, nach der Befreiung von José Dolores, versteht sich. Wir werden versuchen, auch die restlichen Gefangenen freizulassen und soviel wie möglich von Fort Dimanche zu zerstören. Dann fahren wir mit den erbeuteten Wagen etwa 50 Kilometer bis zu jenem Ort hier", wieder fiel Breithagens Finger auf die Karte nieder, „die Eingeborenen nennen ihn Navassa, genau wie die kleine, nur etwa 5 km² große Insel, die sich zwar im Besitz der Amerikaner befindet, aber von den Kubanern beansprucht wird. Unweit dieses kleinen Ortes befindet sich ein Landeplatz, dort wird uns die Dakota wieder aufnehmen."

„Danke Sorr. Sorr, darf ich den Männern anschließend frei geben? Ich glaube, sie brauchen noch ein paar Drinks und ich..." „Ich weiß Dougie. Deine Kehle verlangt auch noch nach einer Ölung. Belehre die Männer, dass sie alle um Mitternacht wieder zurück sind, sie brauchen nämlich morgen einen klaren Kopf!" „Sorr!"

Breithagen blickte Rassen Khan und Mike Modena an. „In zwei Tagen sind wir wieder auf Guanahani. Dann wartet Ranchipur auf uns, was Rassen?" Der Inder blickte Breithagen bittend an, senkte den Kopf und sagte: „Tarek, Du musst mir eines versprechen und Du auch Mike. Sollte ich von dieser Aktion nicht lebend zurückkehren, dann geht nach Ranchipur und pflanzt einen Baum an meinem Lieblingsplatz. Tarek, Du kennst den Ort. Pflanze diesen Baum neben dem Grab der Maharanee von Ranchipur." „Aber Rassen, jetzt spinnst Du. Selbstverständlich wirst Du diesen Einsatz überleben, wie Du alle anderen Einsätze an meiner Seite überlebt hast. Die Tiger von Ranchipur und der große Regen warten auf Dich, Rassen!"

„Freunde, ich habe heute, oder besser, gestern Nacht wieder von der Heimat geträumt. Wieder war ich in Ranchipur, ging durch unseren alten Palast und fand plötzlich meine verstorbene Mutter auf ihrem Thron vor. Sie winkte mir Tarek! Sie winkte mir zu!" „Das war nur ein Traum Rassen, ein Traum, nichts weiter!"

Als die drei Freunde im Jeep saßen, um auch einen kurzen Ausflug in die kleine Ortschaft und das einzige Pub dort zu unternehmen, dachte Tarek Breithagen über Rassens Worte nach. Er war keineswegs so optimistisch wie er sich seinen Freunden gegenüber gab. Auch er spürte instinktiv, dass dieses Unternehmen anders war als alle vorangegangenen, auch er hatte Bedenken. Doch gewaltsam verdrängte er diese Gedanken aus seinem Kopf. Gefühle dieser Art waren jetzt nicht am Platz, er konnte solchen Gefühlen keinen Lauf lassen. Mit der Präzision eines Uhrwerks mussten sie funktionieren, seine Gedankengänge mussten frei von allen Ängsten und Befürchtungen sein. Sein letzter Kampfeinsatz musste erfolgreich sein, das war er sich selbst, Carmen, seinen Freunden, das war er allen schuldig.

Tarek Breithagen straffte seinen Körper. Sein braungebranntes Gesicht zeigte keinerlei Regung. Er hatte sich gefasst. Die Kommandoaktion Fort Dimanche konnte starten.

## Das Testament

Tarek Breithagen schrieb sein Testament. Kaum hatte er den ersten Satz geschrieben, als er auch schon den Füllfederhalter wieder zur Seite legte. Er hatte niemanden, dem er Trenton Hall und seine anderen Besitztümer hinterlassen konnte. Wenn Carmen noch lebte, dann wäre freilich alles anders gewesen, dann hätte es noch eine Zukunft für ihn gegeben. War so nicht längst alles sinnlos geworden?

Nein, er hatte ein Versprechen gegeben, er hatte sein Wort verpfändet. José Dolores musste befreit werden. Außerdem hatte er sich selbst geschworen mit Duvalier abzurechnen, damals, in jener Nacht, als Carmen Dolores von Mörderhand den Tod fand.

Alle die Männer da draußen, hatten irgendjemand, der an sie dachte. Er aber war allein, allein mit seinen Gedanken, allein mit den Toten. Wozu sollte er weiterschreiben? Er brauchte kein Testament zu verfassen, noch nicht. Er wusste plötzlich ganz genau, dass er diesen Einsatz überlebt; sein Hass, sein grenzenloser Hass auf den Mörder Duvalier ließen ihn nicht sterben. Seine Mission auf dieser Welt war noch nicht erfüllt. Das Testament, das Tarek Breithagen nun las, war in seinem Kopf geschrieben worden, ein Testament, das ihm befahl das Racheschwert zu zücken, im Namen aller Ermordeten, aller Leidenden, die auf das Konto von Jean-Claude Duvalier gingen, den grausamen Potentaten zu richten.

Er ließ sein bisheriges Leben Revue passieren, dachte an die glorreichen Tage seiner Jugendzeit, an jene Kindheitstage, die er an der Seite seines Großvaters verbracht hatte, er sah Lewis Castle vor ihm auftauchen, sah den Minch, sah Stornoway, Trenton Hall, sein Moorcottage und schien förmlich den Geruch des Heidekrauts zu verspüren.

Auch andere Bilder drängten sich in diese Vision der Vergangenheit; die Frauen, die er geliebt hatte, waren wieder da, lächelten ihm zu, winkten ihm; die toten Kameraden, die so oft an seiner Seite gekämpft hatten, standen aus ihren Gräbern auf, erhoben ihre Waffen zum Salut und neigten ihre Köpfe wieder; traurig winkten auch sie ihm zu, drehten sich um und marschierten zurück in das Reich des Todes. Tarek

Breithagen fühlte sich wie Odysseus im Hades, er schloss die Augen und lehnte sich zurück. Bald schon war er eingeschlafen. Sein Traum führte ihn zurück nach Trenton Hall. Er sah sich durch die alten Hallen gehen.

Ein Klopfen ließ ihn schnell wach werden. Er blickte auf seine Uhr. Es war Mitternacht. Ein Lied ging ihm durch den Kopf. „Sankt Helena um Mitternacht... Der Kaiser ist vom Schlaf erwacht... Und denkt daran... wie schnell sich alles ändern kann." Erneut wurde geklopft. „Ja, herein!" Douglas Macleods großer Kopf spähte herein. „Sorr!" „Ja Dougie?" „Sie sind schon seit Stunden wach. Sollten Sie sich nicht auch hinlegen? Bekümmert Sie etwas Sorr? Kann ich Ihnen helfen?" „Nein Dougie, danke. Aber Du hast Recht, es ist Zeit für mich. Ich werde auch in Kürze zu Bett gehen. Ich wollte nur ein wenig allein sein. Vielen Dank nochmals, Dougie!" „Sorr!"

Tarek Breithagen erhob sich müde und ging in sein Schlafzimmer. Bald schlief er ein. Dieses Mal träumte er nicht. Sein Schlaf war tief und fest. Die Ruhe vor dem großen Sturm in Breithagens Leben zeigte sich auch in seinem Nachtschlaf.

**Anflug auf Fort Dimanche**

Breithagen blickte in die furchtlosen, geschwärzten Gesichter seiner Männer. Mike Modena war ins Cockpit gegangen, um sich mit dem Piloten zu unterhalten. Mike, der selbst ein ausgezeichneter Pilot war und beinahe jede Maschine an jedem noch so unmöglichen Ort starten und landen konnte, erklärte dem Piloten, wo er sie nach vollbrachten Einsatz wieder aufnehmen sollte. Breithagen wusste, dass seine kleine Streitmacht ihre Sache gut macht. Die Gurkhas scherzten und zeigten nicht im Geringsten, dass sie eine lebensgefährliche Kommandoaktion vor sich hatten, die vielleicht dem einen oder anderen das Leben kosten wird. Alles in Breithagen war gespannt, sein durchtrainierter Körper fieberte nahezu dem Einsatz entgegen.

Douglas Macleod, auf dem Breithagens Augen nun ruhten, hatte die Hände über der Brust verschränkt und hing seinen Gedanken nach. Rassen Khan, der darauf bestanden hatte, einen Turban zu tragen, starrte gedankenverloren ins Leere. „Was sie wohl denken?", fragte sich Breithagen. Dachten sie an den Tod, an das Geld, an ihre Freunde, an ihre Frauen? Friedlich und ruhig saßen sie beisammen, die Söldner, die den haitianischen Diktator das Fürchten lehren sollten, die wie ein Feuerhagel über Fort Dimanche hereinbrechen und das bestialische Auschwitz endlich von der Landkarte tilgten.

„Söldnerlos!", dachte Breithagen. Sie kämpften, sie starben, ohne dass die Welt Notiz davon nahm. Waren sie erfolgreich, so wird man sie vielleicht kurz feiern; trotzdem standen sie immer im Schatten des Ruhms, in einer kleinen Nische in der großen Halle des Kriegsruhms. Söldnerlos! Diese Männer waren so alt wie die Welt, so alt wie der Krieg, so alt wie alle Konflikte, die jemals auf dieser immer verrückter werdenden Welt ausgetragen wurden.

Und er, Tarek Breithagen, saß mitten unter ihnen, war ihr Anführer, der Mann zu dem sie aufblickten, ein Gladiatorenführer des 20. Jahrhunderts, ein Spartakus der Gegenwart!

Einst hatte er sich geschworen, niemals mehr zu kämpfen, ebenso wie sein Großvater, wollte er den Waffenrock mit der Feder tauschen. Er hatte sogar einige Gedichte geschrieben, traurige, melancholische Gedichte, die sich mit der Grausamkeit und Sinnlosigkeit des Lebens befassten, doch nun hatte ihn die Vergangenheit eingeholt. Mit mächtigen Schritten war sie ihm nachgeeilt, hatte ihn herausgeholt aus dem Turm der Einsamkeit und Abgeschiedenheit, den er um sich selbst gebaut hatte, hatte ihm ein kurzes Glück beschert, ihm nochmals das Leben lebenswert gemacht, ihm nochmals jene Blume geschenkt, die Liebe heißt und in seinem Falle immer nur einen Sommer lang geblüht hatte, um dann brutal aus ihrem Beet gerissen zu werden und blutend zu verwelken. Die Vergangenheit lässt sich nicht belügen, das wusste Breithagen nun. Sie lässt sich auch nicht täuschen und in Sicherheit wiegen, in den Schlaf wickeln, wie es zuweilen schien. Sie ruht vielleicht, aber sie schläft nie. Und dann plötzlich wenn man glaubt, sie endgültig vergessen zu können, ist sie da, erhebt sich von ihrem leichten Schlummer und ist lebendiger als je zuvor.

„Noch 20 Minuten bis zum Absprung Sorr!", meldete Douglas Macleod. „Alright Dougie, sag den Männern, sie sollen sich bereitmachen. Du, Rassen und die Gurkhas springen zuerst ab. Dann folgt Mike und zuletzt springen meine Männer und ich. Ach, Dougie!" „Sorr?" „Komm gut unten an, ja!" „Sorr!" „Dougie, sag Tarek zu mir!" „Sorr!"

Breithagen musste unweigerlich leise auflachen. „Was für ein Mann! Ein wahrer Freund!" Auch er erhob sich und warf einen Blick auf seine Uhr. Als das Kommandolicht zum Absprung aufleuchtete und Mike Modena an der Absprungluke stand, winkte er ihm zu. „Auf Wiedersehen am Boden, Baron!", rief der große Amerikaner lachend und sprang.

Douglas Macleod war der nächste. Die Gurkhas sprangen, einer nach dem anderen. Die nächsten Söldner stürzten sich hinaus und nur noch einer war vor Breithagen. Er sah hinunter auf seine Männer, die wie große Greifvögel durch die Luft segelten, tödliche Angreifer aus der Luft, fliegende Kampfmaschinen, deren Fallschirme sich zu öffnen begannen. Mit einem kühnen Schwung sprang nun auch Breithagen seinen Männern hinterher.

**Folterknecht des Teufels**

Die Szene, die sich in dem dunklen Kellergewölbe abspielte, glich einer Unterweltsvision. Flackerndes Fackellicht erhellte den Raum nur sehr spärlich. An der Wand hing ein Mann, an dessen Armen und Beinen Elektroden angeschlossen waren. Er war bewusstlos. Vollkommen nackt hing er da, sein Körper über und über mit blauen Flecken übersät, die Stockhiebe seiner Peiniger waren unverkennbar. Henry Hawkins ging auf den Bewusstlosen zu und riss seinen Kopf an den Haaren hoch. „Licht!", befahl er. Grelles Licht erhellte nun den großen Kellerraum, der eigens auf seinen Wunsch hin eingerichtet wurde, die Folterkammer von Henry Hawkins.

Hawkins wartete auf José Dolores. Jetzt, mitten in der Nacht, sollte der seit so vielen Jahren inhaftierte, kaum noch lebensfähige Mann mitansehen, wie Hawkins einen Verbrecher zu Tode folterte. Wenige Leute hatten Zugang zu Hawkins Folterkammer in Fort Dimanche, denn die meisten Besucher dieses schaurigen Orts kamen hierher, um als Leiche wieder hinausgetragen zu werden.

Hawkins war zufrieden mit sich selbst. Er schien die Gunst Duvaliers wiedergewonnen zu haben. Die unmissverständliche Art, mit der er die zweihundert unter dem Verdacht der Rebellion gegen das Haus Duvalier stehenden Männer und Frauen liquidiert hatte, war auf die Zustimmung des Diktators gestoßen. Duvalier hatte ihm sogar einen neuen Gespielen geschenkt und ihm zwei Zombies abgetreten. Diese zwei schwarzen Geistwesen waren nun seine willenlosen Sklaven. Wie Duvalier es gemacht hatte, dass sie nun jeden seiner Befehle, jede Anweisung von Hawkins befolgten, so als ob sie geradewegs aus dem Mund von Baby Doc kämen, das wusste Hawkins nicht. Es genügte ihm, dass dieser Sachverhalt eingetreten war. Er war nach Fort Dimanche gekommen, um wieder seine Perversion zu befriedigen, in dem er sich mit der Wildheit eines Tieres auf seine hilflosen Opfer stürzte, sie marterte und zu Tode folterte. Nun hatte er auch noch befohlen, José Dolores zu holen.

Dolores war klug und intelligent. Es war ein noch größeres Vergnügen für Hawkins, den Schrecken und das Grauen in den klugen Augen des dienstältesten Häftlings von Fort Dimanche zu lesen. Hawkins lachte in sich hinein. „Der da ist fertig! Bringt mir einen neuen!", befahl er mit eiskalter Grabesstimme. „Und verdammt noch mal, wo bleibt José Dolores? Ich möchte ihm etwas über die Menschenrechte erzählen!"

Ein junger Mann wurde hereingebracht. Das Gesicht des Mulatten war geschwollen, ein Auge geschlossen. Das angeschwollene Oberkiefer verlieh dem Hereingezerrten ein monsterhaftes, tierisches Aussehen. Es war Rodrigo Baruques, dessen Stöhnen José Dolores täglich mitangehört hatte, mitanhören musste, bei Tag und Nacht. Auf Befehl des teuflischen Folterknechts Hawkins waren Baruques die Zähne ausgebrochen worden, einer nach dem anderen. Hawkins hatte damals Anweisung gegeben, Baruques in die Nebenzelle von José Dolores zu legen, denn er kannte diesen jungen Mann, war ein Freund seines Vaters gewesen. Heute Nacht war es soweit, heute Nacht sollte Rodrigo Baruques sterben und zwar im Beisein seines väterlichen Freundes José Dolores. Diese Teufelei hatte sich Hawkins ausgedacht und Duvalier hatte begeistert zugestimmt.

Allerdings war er Hawkins nicht nach Fort Dimanche gefolgt, da ihm seine Bokors geweissagt hatten, dass der Zeitpunkt wo ihm große Gefahr drohe nun unmittelbar bevorstünde. Auch bei seinem Vater, dem in Harvard promovierten Mörder François Duvalier, den die ganze Welt nur als „Papa Doc" kannte, hatte es Phasen gegeben, wo dieser seine Residenz tagelang, sogar wochenlang nicht verließ – aus Angst, einem Attentat zum Opfer zu fallen. Alle Attentate auf „Papa Doc" aber waren misslungen, was er wohl auf den heilbringenden Einfluss der Bokors zurückgeführt haben mochte. Jedenfalls würde sich sein Sohn nun ebenso einige Wochen in seinem Palast vergraben.

Hawkins konnte nur über die übergroße Vorsicht seines schwarzen Bosses lachen. Haiti lag fest in ihrer Hand, nichts konnte geschehen, sie herrschten über die Karibikinsel und die Welt nahm dies zur Kenntnis und schwieg, genauso wie sie geschwiegen hatte, als Papa Doc die totale Diktatur des Grauens eingeführt hatte, genauso wie sie weiterschweigen und sie in Ruhe ihre mörderischen Kreise ziehen lassen..

Als die Wächter nun den gehunfähigen José Dolores hereinschleppten und ihn in einen Sessel warfen, da ahnte der Folterknecht des Teufels noch nicht, dass auch ihm bald die Stunde schlägt. Er befühlte seine Narbe und sein Gesicht verzerrte sich. Er machte sich bereit, die todbringende Folterung selbst zu vollführen, ohne zu vermuten, dass Baron Samedi schon seinen Frack lüftete und sich seinen Zylinder auf den kahlen Schädel setzte, um ihn, um Henry Hawkins, endlich für seine Verbrechen zu bestrafen.

In Gestalt von Tarek Breithagen und seiner Söldner, die sich soeben sammelten und lautlos gelandet waren, würde er über Hawkins hereinbrechen. Doch das wusste der Verbrecher nicht, der nun den glühenden Schürhaken aufhob und dem schreienden Baruques ein Brandmal am Hals zufügte.

## Breithagen in Fort Dimanche

Lautlos bewegten sich die Gurkhas durch den unterirdischen, engen Geheimgang. Rassen Khan, der Anführer der Truppe, trug denselben khakifarbenen Kampfanzug wie sie und unterschied sich nur durch den Turban von den übrigen Männern. Rassen war in seinem Element. Er fühlte sich wie seine Vorfahren, die Großmogule, die über die Steppe ritten, um Eindringlinge zu vertreiben. Hier allerdings war er der Eindringling und die Steppe war der Gefängnishof von Fort Dimanche.

Fahler Mondschein fiel auf Fort Dimanche. Es schien so, als würde der Schein Rassen und den Gurkhas den Weg leuchten. Auf ein Zeichen Rassens setzten sich die ersten zwei Männer ab und erklommen die Wachtürme mit der Behändigkeit einer Katze. Kein Laut war zu vernehmen. Gespannt warteten Rassen und seine Männer. Da kam das Zeichen, zwei Wachtürme waren bereits in ihrer Hand. Rassen befahl ihnen nun, sich um Wachturm drei und vier zu kümmern. Er und die restlichen Gurkhas kümmerten sich in der Zwischenzeit um den fünften Wachturm. Die Nacht war ruhig. Alles schien zu schlafen, Gefangene und Bewacher, kein Laut war zu vernehmen, außer dem leisen Atmen von Rassen und seinen Gurkhas. Fast gleichzeitig schwangen sich die drei nächtlichen Angreifer über die Ballustrade. Die erstaunten haitianischen Wächter hatten keine Zeit sich zu wehren, entgeistert starrten sie auf die aus dem Nichts der Nacht aufgetauchten Männer, deren Messer bereits in ihre Eingeweide eindrangen, noch ehe sie nur an Gegenwehr denken konnten. Blitzschnell vollendeten die Gurkhas ihr Werk und durchschnitten die Kehlen der überraschten Wächter.

Alles war mit unheimlicher, tödlicher Präzision abgelaufen. Ruhe lag über Fort Dimanche, dessen Wachtürme nun in der Hand der Söldner waren. Rassen und seine Männer sammelten sich, liefen zum Haupttor, wo einer von ihnen den Torposten ebenfalls mit einem Schnitt durch die Kehle ausschaltete.

Der Türmechanismus wurde in Bewegung gesetzt, das große Tor schwang auf und Modena eilte an der Spitze mit entsicherter Maschinenpistole und aufgepflanztem Bajonett herein. Sie eilten auf die Schlafsäle zu, während Breithagen und seine Männer sich dem Wachturm vier näherten, um in die Zelle von José Dolores einzudringen. Noch immer war alles ruhig.

Die Handgranate, die Breithagen an der Tür zu dem Zellenblock platziert hatte, explodierte und leitete das Feuerinferno ein, das nun an allen Zellentrakten losbrach. Die meisten Haitianer in den Schlafsälen sprangen halbnackt aus ihren Betten und vor die Maschinenpistolen der Söldner von Modena. Gnadenlos schossen diese, jagten ihre Salven in die schlaftrunkenen Geheimpolizisten des haitianischen Diktators hinein.

Breithagen stürmte in den Hochsicherheitstrakt und schoss auf alles was sich bewegte. Handgranaten gingen hoch, Flammen stiegen zum Himmel empor, Männer wurden durch die Luft gewirbelt, fielen tot zu Boden, mit verrenkten Gliedmaßen, kopflos, armlos, verstümmelt von der gewaltigen Kraft der Granaten.

Schon jagte Rassen Khan die ersten Autos in die Luft, bald würden die Wachtürme an der Reihe sein. Tarek Breithagen starrte auf die unzähligen Leichen, die vor ihm lagen, sprang darüber hinweg und war in der leeren Zelle von José Dolores. Das musste die Zelle sein, darüber gab es keinen Zweifel, doch sie war leer. „Dougie!", schrie er, während draußen der Kampf weiterging. Einige Wächter hatten sich in Block drei verschanzt, waren aus dem Schlafsaal geeilt, verbarrikadierten sich und eröffneten das Feuer auf Modena und seine Männer. Der Lärm von gewaltigen Explosionen übertönte jeden Schuss, jedes Schreien. Rassen Khan hatte den gesamten dritten Zellenblock gesprengt. Nun liefen seine Gurkhas hinein, fanden aber nur noch Tote vor. Khan und Modena reichten einander die Hände. Sie hatten es geschafft. Doch wo war ihr Anführer, wo war Tarek Breithagen?

Im Keller von Fort Dimanche funkte Henry Hawkins verzweifelt Verstärkung an. „Oberst Lavalle, fordern Sie sofort Hilfe an!", schrie er in das Funkgerät. „Verständigen Sie sofort seine Exzellenz! Ich wiederhole! Sofort seine Exzellenz verständigen! Hier ist Hawkins. Fort Dimanche wird angegriffen. Man hat uns überrascht. Kommt sofort her. Wir...." Hawkins verstummte, denn Schüsse waren im Gang zu vernehmen. Sofort befahl er den zwei Zombies sich vor ihm aufzubauen, um ihn mit ihrem eigenen Körper zu schützen. Er selbst trat an den bewusstlosen José Dolores heran und hielt ihm seine Pistole an die Schläfe.

Er würde sein Leben so teuer wie möglich verkaufen. Dann war immer noch José Dolores da. Ihn wird er als Geisel benutzen, denn irgendwie glaubte er, dass dieser Angriff nur eine Befreiungsaktion für José Dolores sein konnte. So hatte Carmen Dolores doch noch jemand gefunden, der das Wagnis auf sich nahm, ihren Vater zu befreien. Noch im Tode also bekam er nun ihre Rache zu spüren.

Die Tür wurde weggewirbelt und Maschinenpistolen richteten sich auf die beiden Zombies, die ihre Waffen hochrichteten, aber sogleich von einem der Angreifer erschossen wurden. Hawkins lag am Boden und blickte auf die zwei Männer, die vor ihm standen. Beide waren weiß, es waren also weiße Söldner, Amerikaner wahrscheinlich. Er hatte noch eine Chance. „Hilfe, helft mit!", sagte er mit brüchiger Stimme. „Ich bin Arzt. Ich bin Ausländer. Ich bin nur hier, weil ich diesen Mann untersuchen sollte. Helft mir und helft diesem armen gefolterten Menschen hier!"

Kalt blickte Tarek Breithagen auf Hawkins nieder. „Entwaffne ihn, Dougie!" „Sorr!" „Gott sei Dank! Ein Brite!", stieß Hawkins erleichtert hervor. „Sir, ich..." „Schweig Mörder! Glaubst Du ich kenne Dich nicht? Hawkins der Schlächter! Hawkins der Folterer! Hawkins der Perversling! Hawkins die rechte Hand von Duvalier!", schrie Breithagen angewidert. „Ich kenne Dich Bursche, ich kenne Dich von den Beschreibungen von Carmen Dolores, ich kenne Dich und Deine Schandtaten, ich kenne Dich noch von Jamaika her. Komm Hawkins, zeige uns Deine schöne Narbe, um derentwillen so viele Menschen sterben mussten, na komm schon Hawkins!", schrie Breithagen wieder.

Hawkins lächelte. „Na, dann habe ich wohl verloren. Es ist besser Sie töten mich sofort, deswegen sind Sie ja wohl hier!" Ein Sanitäter kümmerte sich in der Zwischenzeit um den bewusstlosen José Dolores. Breithagen aber ging auf Hawkins zu und sprach: „Ganz recht Hawkins. Deine Stunde ist gekommen! Doch zuvor wirst Du noch einen Funkspruch loslassen. Du wirst Deinen Freunden melden, dass alles in Ordnung ist, dass Fort Dimanche wieder in eurer Hand ist. Sicher hast Du doch Hilfe angefordert. Los komm ans Gerät, Du wirst diesen SOS-Ruf rückgängig machen!"

Hawkins trat ans Funkgerät. „Nein!", dachte er. „Ihr Hunde sollt nicht entkommen. Duvalier wird euch in Stücke reißen lassen, auch wenn ich es nicht mehr erlebe!" Dann handelte er, warf das Funkgerät auf Breithagen und zog sein unter dem Hemd verstecktes Messer. Er kam allerdings nicht mehr dazu, es hochzureissen, denn Douglas Macleod hatte sofort geschossen. Die Schüsse warfen den weißen Teufel von Haiti zurück an die Wand, wo er zusammensank und eine große blutige Lache zurückließ. Breithagen wandte sich Macleod zu. „Danke Dougie!" „Sorr!" „Packt José Dolores und tragt ihn hinaus. Dann nichts wie weg von hier!" „Sorr!"

## Duvaliers Opfer

Während Henry Hawkins, der teuflische Vasall von Baby Doc, sein wohlverdientes Ende in den dunklen Mauern seiner eigenen Folterkammer fand, hatten Mike Modena und Rassen Khan zusammen mit ihren Männern eine große Anzahl Gefangener aus den Trümmern des brennenden Fort Dimanche befreit. José Dolores war noch immer bewusstlos, der entkräftete Mann hatte seine Befreiung und den Tod seines Peinigers Hawkins nicht mitbekommen.

Breithagen sah die Gefangenen des Diktators vor sich liegen und stehen. Er erschauderte, als er in die Augen der bedauernswerten Geschöpfe blickte. Bilder aus der Vergangenheit fielen ihm ein. Es waren Bilder aus einer grausamen Zeit, aus einer Zeit, die Breithagen selbst nicht bewusst erlebt hatte. Er dachte an die Filme, die er über die Gräuel der Nazis gesehen hatte. Er dachte an die kahlgeschorenen, totenkopfähnlichen Schädel, an die abgemagerten Skelette, an die Verstümmelungen, an die bestialischen Folterungen, an die Abschlachtungen, die ebenso ein mörderischer Diktator wie Duvalier in die Wege leiten ließ.

Es fiel ihm schwer seinen Blick von den Opfern des Jean-Claudisme zu wenden. Geblendete lagen herum, Männer mit ausgestochenen Augen, Beinamputierte, zu bösen Experimenten missbrauchte Opfer mit leeren, ausdruckslosen Augen, in denen der Tod wohnte, verstümmelte Frauen mit abgeschnittenen Brüsten.

Es heißt immer, Idi Amin sei der schwarze Hitler, dachte Breithagen. „Doch das stimmt nicht. Duvalier muss der schwarze Hitler heissen, denn schlimmer kann es der Ugander auch nicht getrieben haben!"

Sie fanden die Massengräber, sie fanden eine Wand, an der man die neugeborenen Kinder mancher Opfer erschlagen hatte, wie ein Häftling ihnen mitteilte. Sie sahen die Galgen, an denen noch vor kurzem Henry Hawkins menschenunwürdige Todesurteile vollstreckt wurden; sie alle waren zu tiefst betroffen über so viel Grausamkeit, so viel Unmenschlichkeit, über die grenzenlose Barbarei, die hier geherrscht hatte.

„Jagt die restlichen Türme hoch, unterminiert alles, jeder Zellentrakt soll in die Luft gesprengt werden, kein Stein soll auf dem anderen bleiben, wir wollen diese Mördergrube ein für allemal auslöschen!"

„Sorr", sagte Douglas Macleod, „José Dolores ist zu sich gekommen und will mit Ihnen sprechen!" „Gut Dougie, ich komme sofort. Wie hoch sind unsere Verluste?" „Sorr! Wir haben nur drei Männer verloren, einige sind verwundet, aber von den Wächtern leben auch nur noch einige Schwerverwundete. Wir haben gute Arbeit geleistet Sorr!"

Tarek Breithagen ging auf den am Boden liegenden José Dolores zu und streckte ihm die Hand entgegen. „Breithagen Sie..." „Schonen Sie sich, José Dolores. Sie werden später alles genau erfahren. Ich werde Ihnen vorerst nur eines sagen: ich habe Carmen geliebt und wollte sie zu meiner Frau machen. Ich habe geschworen, Sie zu befreien und das werde ich halten!" José Dolores sank wieder zurück. Er hätte gern mehr gefragt, doch er war wohl zu schwach. Seine Augen blickten dankbar zu Tarek Breithagen auf.

Rassen Khan trat an Breithagen heran. „Tarek was sollen wir mit den Gefangenen machen? Wir können sie nicht hier lassen, die meisten von ihnen sind total entkräftet und können kaum stehen!" „Wieviele Wagen haben wir?" „Genügend. Wir haben acht große Lastwagen, eine Anzahl Maschinengewehre, ein paar Flammenwerfer und sogar eine kleine Kanone". „Sehr gut. Wir können nur eines tun: wir werden sie mitnehmen, zumindest bis nach Navassa, dort müssen sie sehen wie sie selber zurecht kommen. Wir müssen so schnell wie möglich weg von hier Rassen. Duvalier weiß, dass wir hier sind. Wahrscheinlich hat er seine Mörderbrut schon losgeschickt."

Kaum hatte Breithagen dies gesagt, als eine gewaltige Explosion die Luft erzittern ließ. „Da haben wir den Salat!", schrie Rassen. „Wir werden bombardiert!" „Duvalier hat also schneller gehandelt als wir dachten. Jetzt heißt es ebenso schnell handeln. Dougie?" „Ja Sorr?" „Siehst Du die kleine Flak dort? Sieh zu, dass Du mit ihr fertig wirst. Und wenn der Vogel wiederkommt, um seine tödliche Ladung abzulassen, dann halt drauf Dougie! Rassen, Mike, alles in die Wagen!"

In aller Schnelle verlud man die Verwundeten. José Dolores wurde in Breithagens Jeep gebracht. Vom feindlichen Flugzeug war nichts mehr zu sehen. Breithagen gab das Zeichen zur Abfahrt und nacheinander rollten die Wagen aus dem Hof des verwüsteten Konzentrationslagers. „Macht schnell Rassen, Dougie!", schrie der vorbeifahrende Breithagen seinen Freunden zu. Entschlossen stand Feldwebel Macleod immer noch an der Flak, zusammen mit einigen Männern, während Rassen Khan die letzten Sprengladungen anbrachte.

Breithagen hörte das Motorengeräusch und sah auch schon das Flugzeug auf sich zukommen. „Aus den Wagen, verdammt noch mal, sie sollen in Deckung gehen", dachte er und sprang aus dem Jeep, während Mike Modena José Dolores mitriss. Die Bombe hatte genau getroffen. Es war der Wagen mit den Verwundeten. Die Opfer des Morddiktators hatten sich ihrer Freiheit nicht lange erfreuen können. Für sie gab es keine Hilfe mehr. Der Wagen brannte aus. Zornig starrte Breithagen in die Flammen. Hier verbrannten die Letzten von Fort Dimanche. „Nein!

Nicht die Letzten!", dachte Breithagen, „der Allerletzte, der Mann wegen dem wir hergekommen sind, lebt, liegt hier neben mir."

„Wir müssen weiter, bevor der Flieger wiederkommt! Los, in die Wagen! Hoffentlich erwischt Dougie das Flugzeug." Es ging weiter, sie umfuhren das brennende Autowrack und beschleunigten ihre Geschwindigkeit. „Noch ist nichts verloren", sagte Breithagen zu José Dolores. „Wir müssen nur rechtzeitig in Navassa sein, dann geht's in die Freiheit, Señor Dolores!"

Rassen Khan kam auf Douglas Macleod zu. Ein paar Minuten noch und der große Feuerzauber geht endgültig los. Bis auf den zweiten Zellentrakt hatte er alles unterminiert. Es dauert schon eine Weile, bis man Fort Dimanche wieder in altem mörderischen Glanz erstehen lassen konnte. Das Brummen des anfliegenden Bombers ließ Rassen Khan keine Zeit mehr seine Überlegungen zu Ende zu führen. „Dougie!", schrie er, während er auf das Gerät zulief, mit dem er die Sprengung vornehmen wollte. Seine Warnung war allerdings überflüssig gewesen, denn Macleod feuerte bereits aus allen Rohren. „Besser zielen, verdammt!", brüllte er.

Im selben Moment, als Rassen Khan die Sprengladung zündete und die Gesteinsbrocken durch die Luft segelten, traf Macleod das Flugzeug. Das Flakgeschoß hatte die Pilotenkanzel getroffen. Wie ein geköpfter Vogel stürzte das Flugzeug in die brennenden Trümmer des Konzentrationslagers. Immer wieder krachte es, immer waren erneute Detonationen zu hören. Fort Dimanche brannte an allen Ecken und Enden, das Heulen und Detonieren der Sprengladungen erschien Rassen Khan wie ein letztes Aufstöhnen der tausenden Toten, die hier hingemordet worden waren, wie ein Rachegesang der Eumeniden des 20. Jahrhunderts. Ohne einen Blick zurückzuwerfen, fuhren Douglas Macleod, Rassen Khan und ihre Männer ihrem „Baron" hinterher.

**Navassa**

Breithagens Männer hatten einen Ring um das kleine, verlassene Dorf Navassa gebildet. Sie waren auf ein leeres Dorf getroffen, keine Menschenseele war zu sehen, nichts rührte sich, das Dorf lag einsam in der sommerlichen Hitze, so als ob es nie bewohnt gewesen wäre, so, als ob man hier nie das Lachen spielender Kinder vernommen hätte, so, als ob es immer ein ausgestorbenes Geisterdorf gewesen wäre. Am Ortseingang stand ein alter indianischer Steinaltar. Zwar waren auch hier Voodoosymbole vertreten, doch die ursprüngliche Steinarbeit schien auf karibischen Ursprung hinzudeuten.

Breithagen, Rassen Khan und Mike Modena begutachteten soeben die Landebahn, die inmitten der urwaldähnlichen Landschaft trostlos am Dorf vorbeiführte. „Die Sache gefällt mir nicht!", sagte Breithagen. „Das Dorf ist ausgestorben und unser Flugzeug lässt auf sich warten. Kann es sein, dass Duvalier irgendwie erfahren hat, dass wir hier auf unsere Maschine warten und das Dorf deshalb evakuieren ließ? Damit er uns in der Falle hat? Damit wir eingekreist und eingeschlossen sind?" „Das kann ich mir nicht vorstellen Tarek", antwortete Rassen Khan. „Doch merkwürdig ist es schon. Als wir hinter euch herfuhren, entdeckten wir keine Spur von irgendwelchen Verfolgern. Alles war ruhig, der Dschungel schien zu schlafen."

Nun mischte sich der Amerikaner in die Unterhaltung. „Wir können nichts tun als warten. Das Flugzeug muss ganz einfach kommen. Früher oder später wird es auftauchen, das habe ich im Gefühl." „Hoffen wir, dass Du Recht hast Mike!"

Als sie wieder im Dorf waren, ging Breithagen in das Haus wo José Dolores lag und sich ausruhte. „Haben Sie keine Angst Dolores. Wir holen Sie weg von hier. Das Flugzeug hat sich verspätet, aber es wird kommen, das verspreche ich Ihnen!" „Breithagen, ich möchte Ihnen danken, von Herzen danken, dass Sie mich aus dieser Hölle herausgeholt haben. Ihr schottischer Feldwebel hat mir erzählt, wie sehr Sie Carmen geliebt haben. Sie hätten gut zu ihr gepasst, Breithagen. Doch das Leben geht oft seltsame Wege, grausame Wege, die von noch grausameren Menschen begangen werden. Sie müssen weg von hier Breithagen! Versuchen Sie an die Grenze zu kommen, setzen Sie sich in die Dominikanische Republik ab! Warten Sie nicht auf ein Flugzeug, dass nie kommen wird. Irgendwie hat es der Teufel Duvalier fertig gebracht, dieses Flugzeug zu finden und zu vernichten, glauben Sie mir! Sie müssen weg von hier Breithagen! Sie und Ihre Männer! Es steht nicht dafür, dass sie alle sterben, nur wegen eines alten, todkranken Mannes. Lassen Sie mich hier Breithagen! Hier kann ich in Ruhe sterben. Ich bin schwer herzkrank und die Strapazen waren ohnehin zu viel für mich. Ich komme hier nicht mehr weg. Ich fühle, dass ich bald sterben werde. Doch Sie sind jung Breithagen, Sie müssen leben. Sie haben Fort Dimanche größtenteils zerstört. Kehren Sie in Ihr Heimatland zurück und versuchen Sie weiterhin dem geknechteten Volk von Haiti zu helfen. Ich..."

„Ganz ruhig Señor Dolores! Ich werde dieses Land ohne Sie nicht verlassen! Das habe ich Carmen geschworen und mir selbst auch. Und was Duvalier betrifft, mit dem habe ich noch eine Privatrechnung zu begleichen; dem größenwahnsinnigen Popanz wird seine gerechte Strafe ereilen, José Dolores, das gebe ich Ihnen schriftlich!"

Nachdem er Dolores schlafend zurückließ, ging Breithagen in das Haus, das sie notdürftig als Kommandozentrale einrichtet hatten. Dort saß Mike Modena seit geraumer Zeit am Funkgerät. „Ich versuche sie hereinzubekommen Tarek, doch sie melden sich nicht. Ich bekomme überhaupt keinen Kontakt." „Versuch es weiter Mike! Wir werden bis morgen früh hier warten. Wenn dann noch immer kein Flugzeug auftaucht und wir auch sonst von niemandem gestört wurden, dann haben wir zwei Möglichkeiten. Wir können versuchen, uns zur Grenze in die Dominikanische Republik durchzuschlagen oder aber nach Kenscoff fahren, dort den kleinen Flughafen überfallen und Du fliegst uns in die Freiheit Mike!" „Ausgezeichnet Tarek!", sagte Modena. „Eine Idee wahnwitziger als die andere. Unsere Chancen sind geringer als null, das ist Dir doch klar?" „Weißt Du etwas besseres?" „Nein, verdammt, ich, ich werde es noch einmal versuchen, verdammt, sie müssen mich doch hören, sie müssen doch kommen!"

Die Karibiknacht brach herein und legte sich auf Navassa, das Dorf, in dem niemand schlafen konnte, in dem Tarek Breithagen, Rassen Khan, Mike Modena, José Dolores, Douglas Macleod und alle Söldner vergebens auf ein Zeichen des aus der Nacht auftauchenden Flugzeugs warteten, das sie in die Freiheit bringen sollte.

Navassa, das ausgestorbene Navassa, glich einem riesigen Opferstein, auf dem sich die menschlichen Opfer verzweifelt tummelten und hofften, von einer gigantischen Faust in Sicherheit gehievt zu werden. Doch diese gigantische Faust, die den Namen Flugzeug trug, gab es nicht mehr. Bereits vor sieben Stunden war die aus Guanahani kommende Maschine von der haitianischen Luftwaffe gestoppt und abgeschossen worden. Breithagen und seine Männer waren völlig allein, völlig allein in Navassa, einem Dschungeldorf, aus dem es kein Entrinnen gab. Die Männer der Tonton-Macoutes um Oberst Lavalle, der das verwüstete Fort Dimanche nach einer Spur von Hawkins abgesucht hatte und nun überzeugt war, dass sein weißer Rivale um die Gunst seines Herrn nicht mehr lebte, befanden sich bereits auf dem Weg nach Navassa, als Breithagen im Morgengrauen den Befehl gab, die Autos zu besteigen.

**Dschungelmassaker**

Sie kommen Sorr!" Douglas Macleod hatte es Tarek Breithagen noch im Laufen zugerufen. „Eine große Wagenkolonne aus westlicher Richtung, schwerbewaffnet, mit Flaks und Geschützen!" „Dann muss eine Gruppe von uns hierbleiben und sie aufhalten! Rassen, Du und Mike übernehmt die Führung. Mike kennt den Weg nach Kenscoff genau. Ihr müsst versuchen, euch dorthin durchzuschlagen. Ein Flugzeug zu kapern dürfte nicht allzu schwer sein. José Dolores nehmt ihr mit. Ich bleibe mit vierzig Männern hier und halte die Tonton-Macoutes auf, solange ich kann!"

„Nein Tarek. Ich werde hierbleiben, ich und meine Gurkhas. Wir haben noch genügend Dynamit, die kleine Kanone, die wir erbeuteten, massenweise Sprengstoff, Tellerminen, Flammenwerfer; wir werden ihnen gehörig einheizen Tarek! Wir halten sie auf, um euch eine reelle Chance zu ermöglichen."

„Das ist Unsinn Rassen. Du wirst nicht hier bleiben. Das ist meine Aufgabe, ich bin euer Anführer!" „Tarek, glaubst Du, ich weiß nicht um Deine Rachepläne für Duvalier? Du musst das hier überleben, schon allein darum, dass Du eine Chance hast, den Diktator auszulöschen. Sei realistisch Tarek! Mike muss mit euch kommen. Er ist eure einzige Chance lebend wegzukommen, vorausgesetzt ihr könnt ihm ein Flugzeug beschaffen. Und Dougie brauchst Du genauso, außerdem hat er Frau und Kinder. Nur ich bleibe übrig." „Rassen!" „Denk an Dein Versprechen Tarek, denk an den Regen von Ranchipur, denk an den Baum, den Du pflanzen wirst. Und nun geh schon!"

Breithagen drückte den Inder an sich, wollte ihn nicht mehr loslassen, weil er instinktiv spürte, dass er ihn in diesem Leben nicht mehr sehen wird. Rassen Khan riss sich los und lief auf den Dorfausgang zu. Dort hieß er seine Männer Aufstellung beziehen.

Tarek Breithagen fuhr zusammen mit Mike Modena und Douglas Macleod im ersten Wagen in Richtung Osten davon. Ihnen folgten zwei weitere Wagen. Ihre Streitmacht war auf 43 Mann zusammengeschrumpft. Der Rest, die bewährten Gurkhas und Rassen Khan warteten im Dschungeldorf Navassa auf die heranrückenden schwarzen Feinde. Keiner der drei Männer sprach ein Wort. Sie alle hatten den indischen Fürsten geliebt, sie alle wussten, was seine Entscheidung, ihnen einen ergiebigen Vorsprung verschaffen zu wollen, bedeutete.

Breithagen war am meisten betroffen. Rassen Khan war ihm wie ein Bruder gewesen. Nun hatte er ihn verloren, er hatte einen weiteren alten Freund verloren, einen Menschen, der ihm sehr viel bedeutet hatte. War es das alles Wert gewesen? Breithagen blickte auf die zusammengesunkene Gestalt von José Dolores und drückte ihm ermunternd die Hand. „Wir werden es schaffen, José Dolores, wir werden es schaffen!"

In aller Eile hatte Rassen Khan die Sprengladungen anbringen lassen. Sein Plan war einfach. Sie lassen einen großen Teil der Kavalkade von Oberst Lavalles Truppen ins Dorf herein, um dieses dann in die Luft zu jagen. Bereits gestern hatte Rassen, von bösen Vorahnungen geplagt, einige Sprengladungen um das Dorf legen lassen. An den wenigen dicken Steinmauern saßen Rassen Khan und die Gurkhas. Die anderen hatten sich systematisch auf strategisch wichtigen und leicht zu verteidigenden Punkten rund um das Dorf verschanzt. Die zwei Flaks standen bereit, ihre tödlichen Grußsendungen auf die Geheimpolizisten und Soldaten des Diktators von Haiti abzuschicken, die kleine Kanone war auch mit bestmöglicher Wirkung in Stellung gebracht worden. Die Gurkhas würden kämpfen bis zum letzten Atemzug.

Sie waren 40 Mann. Wieviel kamen ihnen entgegen? 100? 200? Oder waren es 300? Oder noch mehr? Eine Kompanie? Doch die haitianischen Soldaten kannten die Gurkhas nicht, kannten den indischen, in zahllosen Schlachten erprobten Fürsten nicht, der sie ungehindert ins Dorf einfahren ließ und erst als eine große Anzahl von Soldaten aus den großen Lastwagen sprangen, die Sprengladung hochgehen ließ. Viele der schwarzen Soldaten wurden in Stücke gerissen, noch ehe sie die Lage richtig erfasst hatten, kaum dass sie von den Wagen gesprungen waren. Die Wirkung der Sprengladungen war verheerend.

Die Gurkhas begannen zu schießen, schossen auf die in Deckung laufenden Haitianer, auf die verwirrten, aufgescheuchten Männer, die vom Flammenmeer der Explosion geblendet wie blinde Hühner in das Sperrfeuer der Gurkhas rannten. Immer mehr kamen in das brennende Dorf. Schreiend und schießend stürmten sie auf die verschiedenen Stellungen der Gurkhas zu, doch Rassen Khan hatte die Gurkhas klug aufgeteilt, auf verschiedene Plätze, in Gruppen von jeweils sechs, die mit Ausnahme der Flak und der Kanonenbesatzung ständig den Standort wechselten.

Gezieltes Maschinengewehrfeuer zwang Rassen und seine fünf Begleiter hinter der Mauer in Deckung zu gehen. Rassen griff zur Dynamitschachtel, riss eine Stange heraus und warf sie mitten unter die hinter einem Wagen kauernden und aus allen Rohren feuernden Tonton-Macoutes. Der Wagen flog in die Luft, zusammen mit einzelnen Körperteilen der Soldaten, die wie Marionetten durch die Luft gewirbelt wurden, um mit ausgerenkten und ausgerissenen Gliedern in unmöglichen Stellungen am blutdurchtränkten Boden zu landen.

Grinsend stellte Rassen Khan fest, dass ihre kleine Kanone noch immer Feuer spuckte, auch ihre Flaks waren noch im Einsatz. Sie werden die Männer Duvaliers lange genug aufhalten können, ja vielleicht länger als sie gehofft hatten. Obwohl die Haitianer ständig mehr zu werden schienen, hielten sich die Gurkhas nach wie vor tapfer. „Für jeden, den wir abschießen, kommen fünf andere", dachte Rassen. Gerade als er wieder eine Dynamitstange warf, sah er wie ihre Kanone oder vielmehr das was von ihr übriggeblieben war, durch die Luft segelte. Die Haitianer hatten sie in die Luft gesprengt. Voller Zorn warf Rassen eine neue Stange, nahm gelassen ihren Einschlag zur Kenntnis und griff bereits zur nächsten.

Das Dschungeldorf Navassa war längst zum blutigen Schlachtfeld geworden, umsäumt von Toten wurde es zum Schauplatz dieses Massakers mitten im haitianischen Dschungel. Auch die Flaks hatten nun ihr Schießen eingestellt. „Wir sind die Letzten!", dachte Rassen, „aber wir haben mindestens dreihundert von ihnen niedergemetzelt!"

Er riss die Maschinenpistole hoch und schoss bis das Magazin leer war. Schnell lud er nach, sah voller Zorn die beiden Gurkhas links und rechts von ihm fallen, einem war der Schuss ins Gehirn gedrungen und ein Teil der schleimigen Masse spritzte auf Rassens Schulter, der andere war in die Brust getroffen worden.

Wütend richtete Rassen Khan sich auf und sprang über die Mauer. Schießend lief er auf die ungläubig schauenden Haitianer zu. Erstaunlicherweise traf ihn kein Schuss. Er streckte eine Reihe von ihnen nieder, bis sie sich von dem Angriff des einzelnen Mannes und ihrem Schrecken erholt hatten und ihrerseits das Feuer auf den Heranstürmenden eröffneten.

Die Kugeln schlugen in Rassens Brust, in seinen Bauch, in seinen Unterleib. Blutend fiel er zu Boden und schleuderte mit letzter Kraft seine Maschinenpistole von sich. Ein sanftes Lachen gab seinen sterbenden Zügen eine tiefe Zufriedenheit. Er sah sich in Ranchipur stehen, im Regen von Ranchipur, jenen Regen, den er so sehr geliebt hatte; der Regen prasselte auf ihn nieder, genauso wie der Blutstrom, der aus Rassen Khans Mund auf den staubigen Boden fiel.

**José Dolores**

Breithagen befahl den Wagen anhalten zu lassen. Das Gesicht von José Dolores hatte sich grau verfärbt, es hatte jegliche Farbe verloren, sein Atem ging stoßweise. Breithagen und Mike Modena befürchteten das Schlimmste. Deshalb befahl Breithagen Douglas Macleod und den übrigen Männern weiterzufahren. Sie würden nachkommen. Doch die Männer weigerten sich, sie wollten nicht ohne ihre Anführer weiter und sie wollten auch nicht, dass Breithagen dachte, sie seien zu feige, eine kurze Unterbrechung in Kauf zu nehmen.

So umringten sie ihren Anführer, der den Kopf von José Dolores in seine Hände nahm und erkennen musste, dass hier jede Hilfe zu spät kam. Der Sanitäter gab ihm zwar noch eine Injektion, schüttelte aber auf Breithagens fragenden Blick hin den Kopf. Es war zu spät. José Dolores würde sterben.

Es war alles zu viel für ihn gewesen. Sieben Jahre Gefangenschaft in Fort Dimanche, sieben Jahre Qual, sieben Jahre hatte er Seite an Seite mit dem Tod gehaust; er hatte Folterungen über sich ergehen lassen, hatte zwar mit übermenschlicher Willenskraft seine Geisteskraft bewahrt, doch die Nachricht von Carmens Tod hatte ihm die letzten Kraftreserven geraubt; wenigstens war es ihm vergönnt gewesen, seinen Tod als freier Mann zu finden. José Dolores schlug die Augen auf, blickte in die Runde der ihn umgebenden Männer und sagte: „Ich danke euch Männer! Breithagen – José Dolores ist tot, nun muss die Idee weiterleben und wir müssen weiterhin an uns Glauben und weiterkämpfen!" Schweratmend ließ José Dolores seinen Kopf zurückfallen und Breithagen spürte den verkrampften Druck des Sterbenden in seiner Hand. Fest drückte er seine Hand bis sie erschlaffte.

„Hebt ein Grab aus Männer! Er soll wenigstens ein ordentliches Begräbnis erhalten, er soll in haitianischer Erde ruhen!"

Widerspruchslos gehorchten die Söldner und schnell wurde ein notdürftiges Grab ausgehoben. Breithagen steckte ein aus zwei Brettern zusammengenageltes Holzkreuz über den Erdhügel. „Das ist alles was ich für Dich tun kann! Auf Wiedersehen José Dolores!"

Breithagen wandte sich ab und stieg in seinen Wagen. Die Söldner fuhren weiter, einem ungewissen Schicksal entgegen, während der Mann, um dessetwegen sie diese Kommandoaktion unternommen hatten, keine Schmerzen mehr spürte und unter dem kleinen Erdhügel irgendwo im Herzen Haitis seine letzte Ruhe gefunden hatte.

Breithagens Gedanken peinigten ihn. José Dolores war tot, Rassen Khan wurde getötet, er selbst und der Rest seiner kleinen Armee befand sich in tödlicher Gefahr. Waren sie kläglich gescheitert? Nein, sie hatten wenigstens Fort Dimanche zerstört, sie hatten diesen Hort der Grausamkeit vernichtet, auch wenn er vielleicht wieder neu entsteht, zumindest für eine gewisse Zeit wird es kein Fort Dimanche mehr geben; sie hatten Jose Dolores die Möglichkeit gegeben, in Freiheit zu sterben.

Sie mussten es schaffen, sie mussten durchkommen. Er würde die Männer in Sicherheit bringen und die Überlebenden auszahlen. Sein Auftrag wird erst beendet sein, wenn der Mörder Duvalier nicht mehr lebte. Er musste all dies überleben, allein schon deshalb, um irgendwann in ferner Zukunft mit Duvalier abrechnen zu können.

Sie fuhren weiter und Breithagen sah in das ruhige Gesicht des Amerikaners Mike Modena. Dieser schien keine Nerven zu haben. Völlig teilnahmslos saß er neben Breithagen und blickte gelassen auf die Strecke. „Gut, dass er noch bei mir ist, er und Dougie; die beiden geben mir Kraft, sie sind meine letzten Freunde, die letzten Freunde, die mir geblieben sind!"

In ein paar Stunden werden sie in die Nähe von Kenscoff gelangen. Rassen Khans todesmutiger Einsatz hatte ihnen einen Vorsprung von mehreren Stunden verschafft. Kurz vor Kenscoff mussten sie sich Zivilkleidung beschaffen, zum Flughafen vordringen und ein Flugzeug in ihre Gewalt bringen. Es gab eine Chance, wenn auch nur eine geringe, das wusste Breithagen. Doch noch lebten sie, noch spürten sie den Blutstrom, der durch ihre Adern floss, noch fühlten sie den kalten Stahl ihrer Waffen, die sie gnadenlos gebrauchen, noch konnten sie kämpfen.

Tarek Breithagen blickte in die wasserblauen Augen von Mike Modena. „Ziel Kenscoff!", sagte dieser und ballte seine Hand zur Faust. „Ziel Kenscoff", antwortete Breithagen mit harter Stimme.

## DRITTES BUCH

### Kenscoff

Kenscoff liegt hoch über Port-au-Prince und bietet einen überwältigenden Blick auf die umliegende Landschaft. Dieser Peak hatte Tarek Breithagen immer auf eine eigene Art und Weise an Han Suyins Roman „Alle Herrlichkeit auf Erden" erinnert. Stand man am Kenscoff Peak so fühlte man sich wohl wie Mark Elliot im Roman der „Eurasierin", obwohl Haiti und Hongkong in keiner Weise zu vergleichen sind.

Doch das Kenscoff, das nun auf Tarek Breithagen und den Rest seiner Söldnerarmee wartete, war ein anderes, war nicht das über Port-au-Prince thronende Kenscoff. Der eigentliche Name dieses Kenscoffs war Port-de-Paix. Breithagen nannte diese Stadt, den Hauptort des Departement du Nord-Ouest, eine der ärmsten und schwer zugänglichsten Regionen Haitis, von dem aus nur gelegentlich Flugverbindungen nach Port-au-Prince zu erwarten waren, weil er hier zum ersten Mal von der eigentümlichen Wirkung des Blickes auf Kenscoff und von Kenscoff aus auf den Betrachter gehört hatte. Außerdem hatte es Breithagen für eine gute Idee gehalten, den Flughafen in Port-de-Paix zu kapern. Je weniger seine Männer von den Schwierigkeiten wussten, die sie erwartete, desto besser. So wussten nur Mike Modena, Dougie Macleod und Tarek Breithagen selbst wo dieses Kenscoff lag.

Der Plan in Zivilkleidung den kleinen Flughafen zu erobern, war von

Breithagen wieder fallengelassen worden. Vielmehr hatte er sich dem Vorschlag Modenas angeschlossen. Sie besaßen amerikanische Uniformen, Uniformen der Marines, die zwar in Haiti nicht unbedingt gern gesehen waren, aber doch Stützpunkte im Lande Baby Docs besaßen.

Sie passierten die erste Sperre, an der nur ein paar schlampig gekleidete aber schwer bewaffnete schwarze Soldaten herumlungerten. Zweifelsohne war die Nachricht vom Kampf um Fort Dimanche nicht nach hier durchgedrungen. Träge blickte der Offizier auf Mike Modena, der ihn gleich mit einem texanischen Fluch bedachte, als er sich erdreistete zu fragen, was das Ziel ihrer Fahrt sei. „Wir erwarten ein Flugzeug der American Airforce, Bruder!", schrie er ihm ins Gesicht. „Ich bin Colonel Macbride, Green Berets, wir haben einen Spezialauftrag, lasst uns sofort durch!"

Eingeschüchtert gab der schwarze Offizier nach und ließ sie passieren. Er warf einen Blick auf die schnell davonfahrenden zwei Lastwagen, gähnte und setzte sich wieder. Trotzdem fühlte er sich unsicher. Waren diese Männer mit ihren schweren Waffen wirklich Angehörige der Green Berets? Sein Englisch war sehr schlecht, auch wusste er nicht, wer oder was die Green Berets waren. Er musste etwas unternehmen. So ging er zum Funkhaus und ließ in Port-au-Prince anfragen, ob man eine amerikanische Elitetruppe und ein amerikanisches Flugzeug erwarte.

Nach nur ein paar Minuten kam seine Anfrage zurück. „Feindliche Söldner in Haiti. Jeden Verdächtigen aufhalten. Die angeblichen Amerikaner stoppen und mit allen Mitteln gefangen nehmen!" Er handelte sofort und gab die Meldung an das nahe gelegene Flughafengebäude weiter.

Dort aber meldete sich niemand. Der Funkspruch des Offiziers blieb unbeantwortet. Er ließ einen Mann zurück und befahl ihm, es weiter zu versuchen und die Flughafenbesatzung zu warnen, während er selbst in die Garnison fuhr und mit hundert schwer Bewaffneten in Richtung Flughafen losbrauste.

Die Flughafenbesatzung war von Breithagens Männern mühelos außer Gefecht gesetzt worden. Sie waren ganz einfach hineinspaziert ohne behelligt zu werden, denn die meisten der Wächter des kaum benutzten Flughafens schienen Siesta à la Haiti zu halten; halbbetrunken lehnten und lagen sie herum. Es war leicht, ihnen die Waffen abzunehmen. Das einzige Flugzeug, das sich im Hangar befand, war eine alte Dakota, das sah Mike Modena sofort.

Er lief auf die Maschine zu, überprüfte sie gründlich und stellte fest, dass sie einsatzbereit war. „Holt Sprit, wir müssen die Maschine völlig auftanken!"

Douglas Macleod hatte auf dem Turm des kleinen Flughafens eine ihrer Flaks aufbauen lassen, hinter der er nun saß. Er sah die Wagen in der Ferne heranrollen und wusste, was dies zu bedeuten hatte. Sie waren entdeckt worden. Breithagen trat an seine Seite. Auch er sah die immer schneller näherkommenden Fahrzeuge. Ihre Männer machten sich bereit, aus jedem Fenster des winzigen Flughafengebäudes schauten die Maschinenpistolen, die bald darauf tödliches Feuer spucken werden. Breithagen und Macleod bedienten die Flak und feuerten auf die Wagen der sich nähernden Haitianer, während Mike Modena sich bereits auf der Rollbahn befand und versuchte das Flugzeug zu starten. Die Angreifer hatten sich vom ersten Feuerhagel erholt und verschanzten sich. Sie mussten nur ein wenig standhalten, denn Verstärkung war unterwegs.

Modena kam auf Douglas Macleod und Breithagen zugelaufen. „Ich habe es geschafft!", schrie er. „Das Ding fliegt. Kommt so schnell wie möglich in die Maschine. Die Kerle da haben keine Geschütze um uns abzuschießen. Doch diese Flak da könnte ihnen helfen!" Breithagen und Macleod machten die Flak mit wenigen geübten Handgriffen unbrauchbar und stürmten schnell ins Flughafengebäude, von dem aus ihre Männer immer noch die Haitianer unter Feuer nahmen.

„Dougie, fünf Männer und ich bleiben hier. Der Rest ins Flugzeug, marsch, wir starten gleich!" „Was soll das Sir?", fragte einer der Männer. „Zu fünft können Sie die da draußen nicht lange genug aufhalten!" „Verdammt noch mal, verschwindet schon!" Doch die Männer feuerten weiter, während Mike Modena die alte Dakota erneut startete und ein Melder ihnen mitteilte, es sei höchste Zeit, ins Flugzeug zu kommen.

Sie rannten in Richtung des Fliegers, genauso wie die haitianischen Angreifer, die nun den Flughafen stürmten. Fast gleichzeitig warfen Breithagen und Dougie Macleod ihre Dynamitstangen auf die Anstürmenden. „Das ist für Rassen!", brüllte Breithagen und sah das Chaos, das die Detonationen verursachten, sah die Toten und lief zugleich um sein Leben. Er konnte Dougies schweres Keuchen an seiner Seite vernehmen, hörte das Pfeifen der Kugeln, hörte einige ihrer Männer zu Boden stürzen, wusste, dass die Haitianer hinter ihnen herschossen und sie bewegliche Ziele darboten.

Fest griff er zu, als sich ihm zwei Hände entgegenstreckten, die ihn ins schon anfahrende Flugzeug hievten. Mit aller Kraft zog er nun Macleod hoch und war danach auch den anderen Männern behilflich ins rettende Flugzeug zu gelangen. Die Maschine wurde schneller und Macleod hatte soeben den letzten der Söldner ins Flugzeug gerissen, um gleich darauf zu erstarren. Er hielt einen Toten in seinen Händen. Die tödliche Kugel musste den Söldner getroffen haben, gerade als ihn sein Feldwebel ins Flugzeuginnere zog.

Das Flugzeug nahm an Geschwindigkeit zu, rollte die primitive Rollbahn entlang und erhob sich langsam in die Lüfte. Breithagen blickte hinunter auf die immer kleiner werdenden Gestalten der schießenden Männer des Diktators, dem sie nun entflohen waren. Schnell gewann die Maschine an Höhe. Wieder musste Breithagen die Fähigkeit Modenas bewundern, mit fast jeder Flugzeugtype fertig zu werden. Sie stiegen weiter und Breithagen lehnte sich müde zurück.

Zwölf Männer waren übrig geblieben, zwölf Söldner, Douglas Macleod, Mike Modena und er. Er atmete tief durch. Sie hatten die Hölle hinter sich gelassen. Trotzdem wusste Breithagen, dass er noch nicht zur Ruhe kommen konnte. Duvalier lebte noch und war auch das Unternehmen Fort Dimanche gescheitert, so würde er doch nicht ruhen, bis einer von ihnen, der schwarze Satan oder er selbst nicht mehr am Leben war.

## Duvaliers Befehl

Der dicke Mann auf dem großen Stuhl schlug sich mit der Hand gegen die Stirn. „Lavalle, Lavalle! Die Hunde sind entkommen! Und das sagen Sie mir so einfach ins Gesicht! Wie konnte das nur geschehen? Fort Dimanche zerstört, Hawkins tot, José Dolores befreit und die Teufel entkommen! Lavalle, lassen Sie die unfähigen Männer, die sie davonfliegen ließen, hinrichten! Ausnahmslos! Verstehen Sie! Alle, die dabei waren, alle die bei diesem Fiasko mitgewirkt haben! Ich will es, Lavalle, ich will es, sie sollen sterben, sie müssen sterben!"

„Ich werde dies veranlassen Exzellenz!" „Gut, Lavalle. Sie können gehen". „Exzellenz!"

Duvalier starrte durch das riesige Fenster in den Park. Er war geschlagen worden, man hatte ihn gedemütigt wie noch nie zuvor in seinem Leben. „Oh wie ich diese Schweine hasse!", dachte er. Die Welt erfährt zwar nichts von dieser Söldneraktion, von diesem vernichtenden Angriff auf Fort Dimanche. Er lässt Dimanche wieder aufbauen und seine Herrschaft wird noch viel härter sein. Es durfte überhaupt keine Opposition mehr geben. Auf wen auch nur der Schatten eines Verdachtes fiel, der musste umgehend liquidiert werden. Er dankte seinen Bokors und war jetzt mehr denn je von der Richtigkeit ihrer Prognosen überzeugt. Nicht auszudenken was passiert wäre, wenn er dem Wunsch von Henry Hawkins gefolgt wäre und in jener Nacht mit nach Fort Dimanche gefahren wäre. Die Angreifer hätten ihn niedergemacht, genauso wie Hawkins. Er musste noch vorsichtiger sein. Schon sein Vater hatte in den letzten Jahren eine panische Angst um sein Leben gehabt und Jean-Claude hatte auch diesen Charakterzug seines Vaters geerbt, auch er hatte Angst, er, der Leben auslöschte, wie man Kerzen ausdrückte, fürchtete um sein eigenes erbärmliches, mörderisches Dasein. Er wird bald heiraten. Eine schöne, weißhäutige Frau mit Namen Michelle wird seine Frau werden. Er herrschte über Haiti wie es sein Vater getan hatte und nur der Tod konnte ihn von seinem Thron stoßen. „Nun gut!", dachte er. Das war ein Einzelfall gewesen. Die Sicherheitsvorkehrungen mussten enorm verbessert werden, die nur aus wenigen Flugzeugen bestehende Luftwaffe Haitis musste verbessert werden, moderner ausgestattet werden; er musste etwas für seinen Körper tun, ja er würde trainieren, er selbst musste härter werden, er selbst musste seine Kondition verbessern, er selbst musste der beste Mann seiner Truppen sein.

Er hatte kürzlich ein sehr lukratives Geschäft mit einer amerikanischen Großfirma abgeschlossen, die ein Luxushotel baut, Geld fließt ins Land und vor allem in seine eigene Kasse. Er saß sicher auf dem Thron in Haiti, den sein Vater gezimmert hatte. Zeigte nicht dieser Vorfall, dass ihm ja gar nichts passieren konnte? Stand er nicht unter dem Schutz der Bokors? Würden sie ihn nicht immer warnen, wenn ihm Gefahr drohte, genauso wie sie seinen Vater stets gewarnt hatten? Nein, es bestand kein Grund, sich unnötig Sorgen zu machen. Er würde keinen dieser Söldner je zu Gesicht bekommen, an ihn würde keiner herankommen.

Der schwarze Potentat hatte sich beruhigt, er war nun überzeugt, dass der Angriff auf Fort Dimanche nur eine Einzelaktion gewesen war, dass ihm selbst keine Gefahr drohte. Der Diktator aber wusste nicht, dass es einen Mann gab, der zu selben Zeit mit den kümmerlichen Resten seiner Armee durch die Luft und in die Freiheit flog, einen Mann, der ihm den Tod geschworen hatte, der nur noch ein Ziel im Leben hatte, nämlich ihn, Jean-Claude Duvalier, zu vernichten.

## Ranchipur

Der Palast von Ranchipur wurde nur ab und zu von einem grellen Blitz in weißes Licht getaucht. Es war Mitternacht. Die alte Residenz, die noch aus der Zeit der Moguls stammte, schien sich unter dem schweren Unwetter zu beugen, eigenartige Geräusche der Regennacht waren überall vernehmbar, doch der Mann, der im Freien vor einem herrlichen Schrein stand, hatte keine Ohren für sie. Seine breitschulterige Gestalt stand im prasselnden Regen, im Regen von Ranchipur. Salzige Regentropfen liefen sein Gesicht hinunter, doch er spürte sie nicht. Seine Gedanken waren von dem geweihten Ort weit weg, an dem er stand. Tarek

Breithagen hatte sein Versprechen wahr gemacht.

Er war nach Ranchipur gekommen und hatte unweit des Grabes der Mutter von Rassen Khan, der Maharanee von Ranchipur, ein kleines Bäumchen gepflanzt, ein Bäumchen, das bereits standhaft dem Regen trotzte und stolz gegen den Himmel blickte.

„Rassen", dachte Tarek Breithagen. Wie sehr hatte er diesen Mann geschätzt, den unerschrockenen, furchtlosen, gebildeten Inder, den Fürsten von Ranchipur, der so manches Abenteuer an seiner Seite mitgemacht hatte, mit dem er nilaufwärts nach Khartoum gefahren war, der ihm das Leben gerettet hatte und der nun in der heißen Erde Haitis lag, irgendwo verscharrt worden war, dessen Grab kein Mensch kannte.

Sie hatten die Flucht geschafft; es war Mike Modena gelungen, den Radarbereich der Haitianer erneut zu unterfliegen, Breithagen glaubte nicht einmal, dass die veralteten Flugzeuge der haitianischen Luftwaffe ihre Maschine überhaupt registriert hätten, wären sie nicht unter dem Radarbereich geflogen. Sie waren nach Guanahani zurückgelangt und Breithagen hatte die Überlebenden ausbezahlt. Dougie Macleod war auf die Hebriden zurückgekehrt, während Mike Modena mit ihm nach Ranchipur gekommen war. Modena schlief längst, er aber konnte keinen Schlaf finden.

Immer wieder sah er sich in Gedanken auf Haiti, immer wieder überlegte er, was er wohl falsch gemacht hatte, ob es sein Fehler gewesen war, ob das Scheitern der Aktion Fort Dimanche auf sein Konto ging. Viele gute Männer waren gefallen, waren erschossen worden, weil er sich in den Kopf gesetzt hatte, José Dolores zu befreien. José Dolores! Carmen! „Ich bewege mich unter Geistern!", sagte sich Breithagen. Doch Selbstmitleid hilft ihm nicht weiter. Er wusste, was er zu tun hatte. Duvalier musste vernichtet werden. Dies war der einzige Wunsch, den er noch hatte. Seine zwei Freunde werden beide dabei sein. Sowohl Macleod als auch Modena hatten ihm erneut Treue geschworen. Sollte es ihm gelingen, Duvalier zu töten, so wollten sie an diesem Unternehmen teilhaben.

Breithagen hatte bereits einen Plan. Es würde keine neue großangelegte Söldneraktion geben. Nein, Modena, Macleod und er werden genügen. Breithagen lebte seit ihrer Rückkehr in Barbados. Solange Duvalier lebte, kehrt er nicht nach Schottland, in das Land des Heidekrautes, zurück.

Viele Jahre lang lag Haiti im Streit mit seinem unmittelbaren Nachbarstaat, der Dominikanischen Republik. Zur Zeit von Papa Doc war ein offener Konflikt, eine bewaffnete, kriegerische Auseinandersetzung zwischen den beiden Staaten der Insel stets im Bereich des Möglichen, des Erwarteten gewesen. Doch zum eigentlichen Krieg war es nie gekommen. In einem Monat wollte nun Duvalier seinem Amtskollegen einen Staatsbesuch abstatten, um die gegenseitigen Beziehungen freundschaftlicher werden zu lassen. Und er, Tarek Breithagen, wird auch an diesem Staatsbesuch teilnehmen. Er würde irgendeine Möglichkeit finden an Duvalier heranzukommen um ihn auszulöschen. Was dann mit ihm geschah, war ihm egal. Doch den schwarzen Massenmörder musste er erwischen. Endlich sollte der unmenschliche Satan für seine Verbrechen büßen. Er wird alles daransetzen, den Potentaten vom Angesicht der Erde zu tilgen.

Doch noch hatte er Zeit, noch war er in Ranchipur, noch stand er im Regen, noch versuchte sein Geist ein wenig Ruhe zu finden.

Ein neuerlicher Blitz und der darauffolgende Donner rissen Breithagen aus seinen Gedanken. Er blickte nochmals auf das kleine Bäumchen und sagte leise: „Laloki, Rassen! Laloki, auf Wiedersehen Rassen!" Dann drehte er sich um und ging mit schweren Schritten ins Haus zurück. Er zog die nassen Kleider aus und nahm ein warmes Bad. Bevor er zu Bett ging, warf er noch einen Blick hinaus auf den Palasthof, wo er den Baum gepflanzt hatte, wie es Rassens Wunsch gewesen war. Bald hört der große Regen auf und die ewige Sonne Indiens leuchtet wieder über Ranchipur. Doch dann ist er nicht mehr hier. Dann wird er seinen Auftrag, den er sich selbst gegeben hatte, vielleicht schon erfüllt haben.

**Santo Domingo**

Tarek Breithagen blickte zu dem monumentalen Bronzestandbild von Christophoro Colombo empor, das den Hauptanziehungspunkt der Intramuros, der Altstadt von Santo Domingo, der Hauptstadt der Dominikanischen Republik, ausmachte. Im Jahre 1897 hatte der französische Künstler Gilbert hier im Parque Colon dieses Bronzestandbild des Entdeckers der Neuen Welt geschaffen. Breithagen kannte diesen Platz bereits sehr genau. Hier würde Baby Doc seinen großen Auftritt haben – und wenn es nach Breithagen ging – seinen endgültigen letzten. Auf der Ostseite dieses Platzes stand der Palacio de Borgellá, der während der haitianischen Okkupation, die von 1822-1844 währte, Sitz des Invasorengouverneurs gewesen war. Vor diesem Palast sollte Jean-Claude Duvalier eine begeisternde Rede halten, wie Breithagen erfahren hatte.

„Eine begeisternde Rede!", dachte Breithagen. Eine Rede, in der der Mörder Haiti als einen Hort des Friedens darstellt, als ein Land in dem glückliche Menschen wohnten, als ein Bollwerk gegen den Kommunismus im Karibischen Raum, als ein Land des Wohlstandes. Breithagen kannte solche Reden zur Genüge. Er hatte sie oft genug gehört. Es war egal, ob es sich um einen rechten oder linken Diktator handelte, die leeren Phrasen waren stets dieselben, sprachen stets von Wohlstand und Frieden, verhöhnten die Ermordeten, die Leidenden und Darbenden.

Breithagen ging weiter und betrat die berühmte Catedral de Santa María la Menor, die als erste Kathedrale Amerikas auch Cathedral Primada de America-genannt wurde. Er passierte das prächtige, vom spanischen Bildhauer Carbonell geschaffene Grabmal, das errichtet worden war, um die sterblichen Überreste von Columbus zu ehren, die angeblich hier bestattet sein sollen. Er betrat das gotisch gehaltene Innere der Kirche und blieb vor dem aus Silber getriebenen Hochaltar stehen.

Unweigerlich musste er an seinen Großvater denken, der ein äußerst gläubiger Mensch gewesen war und der seinen Enkel auch in dieser Hinsicht entscheidend beeinflusst hatte. Er blickte hinauf auf das sanfte Antlitz des Gekreuzigten, dessen Maxime es gewesen war, seinen Feinden Gutes zu tun, immer die linke Backe hinzuhalten, wenn zuvor die rechte Gesichtshälfte geschlagen worden war. Seine Feinde hatte Breithagen wohl nie geliebt. Er war immer ein impulsiver Mensch gewesen, schon in jungen Jahren hatte er sich durch eine absolute Unversöhnlichkeit ausgezeichnet, es war ihm immer schwer gefallen, zu verzeihen. Dann waren die Ereignisse über ihn hereingebrochen, die Jahre des Leides, der bittern Enttäuschung, die Erlebnisse des Kampfes, der vielen Kampfeinsätze, die er mitgemacht hatte.

Er hatte längst aufgehört, die Toten zu zählen, die auf sein Konto gingen. Er hatte zwar immer um sein Leben gekämpft und seine Opfer, wenn man sie so nennen konnte, hatten zumeist ihren Tod mehrfach verdient. Dennoch meldete sich manchmal sein Gewissen zu Wort. Nun im Angesicht des Herrn der Christenheit, der immer nur Frieden gepredigt hatte, dessen übermächtige Waffe die Liebe gewesen war, in seinem Haus, war das Gefühl der Reue wieder da. In diesem stillen Moment wünschte er, er wäre ein zurückgezogener Akademiker geworden, er hätte jenen Weg eingeschlagen, der ihm in jungen Jahren vorgezeichnet worden war. Er besaß einen Intelligenzquotienten, der ihm eine brillante akademische Zukunft garantiert hätte, doch er hatte den Weg des Kampfes gewählt, den Weg des Todes, den Weg der Grausamkeit. Doch, war es allein seine Schuld gewesen? Oder gab es das unabänderliche Schicksal? War man selbst Herr seines Schicksals?

„Wenn größere Denker den Sinn des Lebens in diesem kümmerlichen Erdendasein nicht erfasst haben, wie könnte ich ihn erfassen?", dachte

Breithagen, als er in die Knie ging und ein stilles Gebet sprach. Seit mehr als zehn Jahren hatte er nicht mehr gebetet, er bat seinen Schöpfer um Vergebung für all das was er getan hatte und für all das was er noch tun wird und er wusste, dass auch er, der Söldner Tarek Breithagen, Gnade vor den Augen des Herrn findet.

Er erhob sich und verließ die ehrwürdige Kirche. Er trat hinaus ins grelle Sonnenlicht und ging mit kräftigen Schritten auf die Arzobispo Merino Straße zu. Im Hotel El Embajador wartete Mike Modena auf ihn. Mike nannte Santo Domingo immer nur Ciudad Trujillo. Der grausame Diktator Leonidas oder eigentlich Rafael Leonidas Trujillo war nach einem Putsch im Jahre 1930 an die Macht gekommen und 31 Jahre später ermordet worden. Alle diese größenwahnsinnigen Machthaber pflegten ganze Städte nach sich zu benennen, ob Trujillo oder Duvalier, sie alle hatten ihre Stadt, wobei Duvalierville für alle Zeiten von den Taten des Mörderdoktors kündete.

Breithagen hatte die Stadt sehr genau erkundet. Sein Entschluss war seit Wochen gefasst. Hier in dieser Stadt ereilt Baby Doc sein Schicksal. Durch seine Hand wird er gerichtet werden. Ja, es war ein Richten, es war kein Mord, den Breithagen plante. Solch Abschaum der Menschheit wie Duvalier verdienten nicht zu leben, sie hatten die heilige Gabe das Leben mit Füßen zu treten, sie hatten den Tod tausendfach verdient. Und vielleicht, wenn er entkam, konnte er die Jahre, die ihm blieben nutzen, um Gutes zu tun, um der Humanität zum Durchbruch zu verhelfen. Wenn er umkam, so hatte er doch so gelebt wie er leben musste, wie es ihm bestimmt gewesen war.

**Das neue Fort Dimanche**

Stolz marschierte Jean-Claude Duvalier, gefolgt von Oberst Antoine Lavalle durch den Gefängnishof des wieder völlig in Stand gesetzten Fort Dimanche. Der Diktator frohlockte. Fort Dimanche war wieder aufgebaut worden, alles war beim alten, die Zellen waren bereits gefüllt, zahlreiche Feinde des Vaterlandes befanden sich hier in sicherstem Gewahrsam. Nichts deutete darauf hin, dass Fort Dimanche vor nicht allzu langer Zeit vernichtet worden war, dass man es nahezu völlig dem Erdboden gleich gemacht hatte. In nur wenigen Monaten hatte Duvalier ein modernes Konzentrationslager aus dem Boden stampfen lassen. Nun gäbe es keine Söldneraktionen mehr. Zu sicher war das neue Fort Dimanche. Elektrisch geladene Stacheldrahtzäune schirmten es von der Außenwelt ab. Maschinengewehrstände waren überall auf der großen Schutzmauer postiert, Kameras bewachten den Eingang. Zweifelsohne verfügte Duvalier nun über das modernste Gefängnis im gesamten Karibischen Raum.

Jean-Claude Duvalier hatte einige Kilos abgenommen und fühlte sich großartig. Sein großer Staatsbesuch in der Dominikanischen Republik stand unmittelbar bevor. Sein Amtskollege wusste, dass er unumschränkt über Haiti herrsche und immer herrschen wird. Man würde ihm einen überwältigenden Empfang bereiten.

Während der Diktator nun die einzelnen neu entstandenen Zellentrakte abschritt, dachte er an seinen großen Auftritt in Santo Domingo. Wahrscheinlich werden Presseleute von überall da sein. Er musste einen guten Eindruck hinterlassen. Seine Rede, die die Massen begeistern sollte, hatte er bereits fertig. Er machte den Leuten klar, dass er der Garant des Friedens im Karibischen Raum war, er stellte das Bollwerk gegen den Kommunismus und die Kommunistische Infiltration dar, Haiti war ein stabiles Land, ein ruhiges Land, ein friedliches Land, weil Haiti keinen Terror duldete, weil Haiti den Frieden liebte und die Welt musste dies anerkennen, musste einsehen, dass der Westen in Haiti einen starken und wichtigen Verbündeten hatte. Die Stärke Haitis musste größer werden, denn mit ihr wuchs auch seine Stärke, denn er war Haiti.

Der Mörder, dessen Gedanken sich nun in immer fantastischere und unrealistischere Höhenflüge verstiegen, glaubte wirklich an seine Mission. Es stimmte auch, dass Duvalier keinen Terror duldete, außer seinem eigenen selbstverständlich. In jedem Polizeistaat herrscht Ruhe, jede Diktatur kann – zumindest nach außen hin – eine stolze Verbrechensbilanz aufweisen. Dass der wahre Widerstand, die wahren Zahlen und Statistiken niemals an die Weltöffentlichkeit dringen ist für alle Diktatoren von eminenter Wichtigkeit, das wusste auch Jean-Claude Duvalier.

Indem er alles vernichtete, was sich ihm in den Weg stellte, indem er sein darbendes Volk bewusst auf einer äußerst niedrigen Stufe hielt, indem er ihm nur das zugestand, was zur Befriedigung der primitivsten Triebe nötig war, indem er ständig an dem Mythos der Verbrecherdynastie Duvalier baute und in ihm lebte, wurde er in seinem eigenen machtbesessenen, grausamen Hirn zum großen Retter seines Volkes.

Es gab kaum noch eine nennenswerte Opposition in Haiti. Alle Gegner waren mehr oder weniger „Kalt" gestellt. Das neue Fort Dimanche war bereits wieder bis zur letzten Zelle gefüllt. Verdächtige gab es immer und Verdächtige mussten sichergestellt und ausgeschaltet werden. Er wusste zwar, dass es so etwas wie eine „Exilopposition" gab. Die zumeist aus der ehemaligen mulattischen Oberschicht stammenden Repräsentanten dieser Opposition aber waren machtlos und kaum einer von ihnen glaubte ernsthaft daran, dass es jemals gelingen könnte, Jean-Claude Duvalier von seinem Thron zu stoßen. Der gefährlichste dieser Oppositionellen war José Dolores gewesen, der aber nicht mehr lebte. Seine Soldaten hatten den Grabhügel gefunden, das Grab geöffnet und die Leiche von José Dolores entdeckt. Diese Entdeckung war für Duvalier ein persönlicher Triumph gewesen. Wenigstens Dolores hatte es nicht geschafft. War auch ein Teil jener Teufelsbrut, die einen Anschlag auf sein Fort Dimanche gewagt hatte, entkommen, so war doch die Befreiung von José Dolores gescheitert. Dolores konnte ihm nicht gefährlich werden, nicht mehr, denn er war tot.

José Dolores hatte etwas besessen was ihm selbst fehlte, deshalb war er so gefährlich gewesen, das hatte schon sein Vater, Papa Doc, erkannt. José Dolores hatte die Gabe des Charisma besessen, er hatte die Leute fesseln können, den einfachen Mann genauso wie den Akademiker. José Dolores hätte im Ausland für ihn gefährlich werden können. Er hätte zu einer Symbolfigur werden können, er hätte unter Umständen sogar irgendwo eine Exilregierung leiten können, er wäre überall im Westen herumgereist, um auf die Gräuel in Haiti hinweisen zu können und einem Mann wie ihm hätte man wahrscheinlich Glauben geschenkt.

Doch was sollte er sich mit solchen Gedanken quälen? José Dolores war tot, er aber lebte, war stark, herrschte über Haiti, hatte seine Position mehr und mehr gefestigt, verfügte über Bokors und Zombies, eine schöne Frau, viel Geld. Er war glücklich. Sein bevorstehender Staatsbesuch wird zu einem großen außenpolitischen Ereignis für ihn werden, zu einem Triumph für Jean-Claude Duvalier.

**Der Kontaktmann**

Jaime Fernandez erhob sich. „Somit wissen Sie alles, Señor. Darf ich um meinen Lohn bitten!" Breithagen wies auf eine kleine Tragtasche, die auf dem Tisch stand. Jaime Fernandez ging auf sie zu, öffnete sie und seine Augen leuchteten. Schnell verschloss er die Tasche und verabschiedete sich.

„Nun, was hältst Du davon, Mike?", fragte Breithagen. „Tarek, ich traue diesem Mann nicht. Er ist ein schleimiger, kriecherischer Mensch, der für Geld sogar seine Großmutter verkaufen würde. Was hält ihn davon ab, uns zu verraten?" „Deine Frage ist berechtigt. Auch ich vertraue Fernandez nicht, aber wir haben keine andere Wahl. Außerdem kennt er unsere wahre Identität nicht, er weiß auch nicht, wozu wir seine Informationen benötigen werden. Er hält uns nur für Journalisten, die hinter einer heissen Story her sind, hinter einem Exklusivbericht von Duvaliers

Staatsbesuch, einem journalistischen Coup, einem richtigen „scoop", wie die Amerikaner zu sagen pflegen."

„Du hast vielleicht Recht. Er hat sein Geld. Warum sollte er sein Gehirn damit zermartern? Er hat uns kein Staatsgeheimnis verraten, sondern nur die genaue Route von Duvaliers Konvoi, die sich ja ohnehin mit Deinen Vermutungen deckte. Ja, ich glaube, wir können unbesorgt sein. Wir können also Dougie verständigen."

„Nein Mike, darüber wollte ich mit Dir sprechen. Wir werden Dougie falsch informieren. Wir teilen ihm mit, dass wir nicht am geplanten Tag zuschlagen werden, sondern zwei Tage später. Dougie bleibt auf Barbados. Gelingt unsere Aktion, dann kehren wir alle drei nach Schottland zurück. Aber Dougie ist diesmal endgültig nicht mit von der Partie. Du weißt, dass ich ihn schon damals in Guanahani zurückschicken wollte, obwohl ich wahrscheinlich jetzt tot wäre, wenn er meinem Rat gefolgt wäre. Nein, Mike, Dougie will ich nicht mehr in Lebensgefahr bringen, ich habe mir diesen Entschluss reiflich überlegt, glaube mir. Auch Dir stelle ich es nach wie vor frei, auszusteigen."

„Kommt nicht in Frage, Baron. Du weißt, dass ich das niemals akzeptieren kann. Außerdem bin ich bereits hier. Aber ich verstehe Dich. Dougie hat Frau und Familie. Einen besseren Freund als ihn gibt es kaum. Ich stimme Dir zu. Dougie soll keinen neuen Gefahren mehr ausgesetzt werden. Seine Familie braucht ihn."

„Genau, Mike. Wir werden ihn also jetzt anrufen und von der neuen Sachlage in Kenntnis setzen. Ich bin froh, dass Du auch so denkst wie ich. Wenn alles vorbei ist, wird er zwar fluchen und toben, aber später einmal wird er uns dankbar sein. Mike, Du solltest dann zu mir nach Trenton Hall kommen. Vielleicht solltest Du Dich überhaupt in Großbritannien ansiedeln. Der Stornoway Golf Course muss auch noch mit deiner Schlagvirtuosität Bekanntschaft machen."

Als Modena hinunterging, um Douglas Macleod vom Postamt aus anzurufen, dachte Breithagen daran, dass er wenigstens Macleod gerettet hatte. Es würde ihm auch gelingen, Modena in Sicherheit zu bringen. Mike sollte ja nur als Fahrer fungieren. Sollte ihm etwas passieren, sollte man ihn erwischen, dann ist er wohl klug genug, die Flucht zu ergreifen. Tarek Breithagen rechnete sich nur geringe Chancen aus, selbst lebend zu entkommen. Doch Duvalier würde er in den Tod mitnehmen. Nur darum ging es ihm.

**Die Warnung des Bokors**

Der zahnlose Hexenmeister blickte auf die blutigen Eingeweide eines geschlachteten Tieres, die vor ihm auf den Boden lagen. Kräftig rührte er darin herum und immer wieder schüttelte er den Kopf. Seinem Herrn, Jean-Claude Duvalier, drohte große Gefahr. Er spürte es, die Zeichen bestätigten es, doch sein Herr wollte nicht auf ihn hören. Wieder schüttelte er seinen Kopf. Vor ein paar Minuten war Duvalier wutentbrannt aus seiner Hexenküche gestürmt und hatte ihn, seinen Lieblingsbokor, auf das Schlimmste beschimpft. Der Bokor hatte seine Pflicht getan, er hatte seinen Chef gewarnt, er hatte seinem Herrn verboten, den Staatsbesuch in die Dominikanische Republik anzutreten. Diesmal aber weigerte sich Duvalier auf seinen so sehr geschätzten Zauberer zu hören.

In seiner Residenz angekommen, warf sich Duvalier auf die Barockcouch und dachte über die Worte des ihm treu ergebenen Bokors nach. „Geh nicht nach Santo Domingo! Böses erwartet Dich dort! Man wird versuchen, Dich zu töten und die Zeichen sprechen gegen Dich. Geh nicht, Herr, geh nicht!"

Duvalier war zwar abergläubisch und fürchtete um sein Leben, er hatte immer auf seinen Zauberer gehört, doch diesen Staatsbesuch wollte und konnte er nicht absagen. Es war ganz einfach unmöglich. Er wird ausgezeichnet bewacht werden, Männer der Tonton-Macoutes werden stets um ihn sein, es konnte ihm gar nichts passieren. Immer wieder sagte er sich das. Und doch hatte sich die Furcht in sein Herz geschlichen und ließ ihn nicht schlafen. Aber er musste diesen Staatsbesuch antreten. Alles war vorbereitet. Er durfte sich jetzt keine Blöße geben. Warum sollte sich nicht auch der Bokor einmal irren? Er musste sich irren, es gab keine andere Möglichkeit. Die ganze Nacht grübelte und grübelte er.

Vollkommen zerschlagen erhob er sich in den frühen Morgenstunden und begab sich zu seinem Schlafzimmer. Noch ein paar Tage und er würde in Santo Domingo sein. Wenn ihm Gefahr drohte, dann von wem? Waren nicht alle Gegner beseitigt? Wer wagte es, ihn bei seinem Staatsbesuch anzugreifen? War ein solches Unternehmen nicht schon von vornherein zum Scheitern verurteilt? Nur ein Selbstmörder konnte auf die Idee kommen, ihm zu nahe zu kommen. Er war ganz sicher, dass sich der Bokor irrte. Nichts konnte schiefgehen, denn wie konnte jemand den Polizeikordon durchbrechen, ohne gefasst zu werden?

Der Staatsbesuch findet statt, trotz der Warnungen des Bokors. Obwohl sich nagende Zweifel in Duvaliers Hirn eingenistet hatten, befahl er sich selbst, sie zu vergessen, sie aus seinen Gedanken zu verbannen. Er würde besonders auf der Hut sein, seine Zombies und Tonton-Macoutes waren immer um ihn, was also sollte ihm zustoßen?

Als Oberst Lavalle als erster zur Audienz kam, schärfte er ihm ein, besondere Vorsichtsmaßnahmen zu ergreifen, die genaue Route, die sein Konvoi in Santo Domingo benutzte, auf das Schärfste zu kontrollieren, überall eigene Männer als Schutzposten aufzustellen, in Zivil selbstverständlich. Als unauffällige Zuseher getarnt mussten seine Tonton-Macoutes über seine Sicherheit wachen. Lavalle versprach alles zur Zufriedenheit seines Präsidenten vorzubereiten, versicherte ihm erneut, dass sie die Lage im Griff haben, dass ihm nichts geschehen konnte und verabschiedete sich.

Duvalier war ruhiger geworden. Vielleicht forderte er sein Schicksal heraus, vielleicht wartete ein Attentäter in Santo Domingo, doch die einzige Möglichkeit dies herauszufinden war, den Staatsbesuch wie geplant stattfinden zu lassen.

Er läutete und sagte dem eintretenden Diener, er möge den Amerikaner, der jene Firma repräsentierte, die ein weiteres großes Luxushotel in Port-au-Prince bauen wollte, hereinzuführen.

## Der Staatsbesuch

Der große Konvoi bahnte sich gemächlich seinen Weg durch die bunt geschmückten und von Zuschauern gesäumten Straßen von Santo Domingo. Im dritten Wagen des Konvois, einem schweren, gepanzerten, weißen Mercedes saßen Jean-Claude Duvalier, Oberst Antoine Lavalle und zwei Leibwächter, die in Wahrheit Zombies waren. Sie fuhren nun fast schon eine Stunde, denn der Konvoi bewegte sich sehr langsam. Jubel brandete zu Jean-Claude Duvalier herein und erfreute sein grausames Herz, obwohl er genau wusste, dass es sich hier um bezahlte Applaudierende handelte. Eigentlich konnte er zufrieden sein. Alles war soweit plangemäß abgelaufen. Am Flughafen war er vom Regierungschef der Dominikanischen Republik empfangen worden, dessen Kabinettsmitglieder hatten vor ihm Aufstellung bezogen, die haitianische Hymne war gespielt worden, er hatte die Ehrengarde abgeschritten und und er hatte alle seine anderen Repräsentationspflichten erfüllt.

Sein Staatsbesuch schien sich ganz zu jenem Großereignis zu entwickeln, das er erhofft hatte. Trotzdem war er nicht froh, denn die Angst saß ihm in den Gliedern, ließ sein Herz unaufhörlich pochen. Der Schweiß rann ihm in Strömen vom Gesicht, obwohl der Wagen voll klimatisiert war. Er wusste, dass er noch nicht in Sicherheit war. Sollte jemand ein Attentat auf ihn planen, so suchte er sich wohl jenen Zeitpunkt aus, wo er seine große Rede hielt. Dann würde er relativ ungedeckt sein. Vor diesem Moment graute ihm am meisten. Obwohl man ihm versicherte, dass nur wenige, äußerst genau überprüfte Journalisten an Ort und Stelle sein werden, brachte er die Worte des Bokors nicht mehr aus seinem Kopf.

„Geh nicht nach Santo Domingo, geh nicht, Herr, geh nicht!" Fast flehentlich hatte ihn sein Bokor gebeten, von diesem Staatsbesuch Abstand zu nehmen. Er aber hatte nicht auf den bewährten Ratgeber gehört. Er begab sich selbst in unnötige Gefahr. Er begann seinen Entschluss zu verwünschen. Was machte es schon aus, wenn er einen Staatsbesuch absagte? Es gibt andere Visiten dieser Art. Warum nur hatte er nicht auf seinen Bokor gehört? Doch nun war es zu spät. Es gab jetzt kein Zurück mehr, er konnte den Konvoi nicht mehr umkehren lassen.

Nervös blickte er auf seine Uhr. Eine halbe Stunde noch, dann war der Augenblick der Wahrheit gekommen, dann hielt er seine Rede. Er blickte auf Oberst Lavalle, der ruhig an seiner Seite saß. „Vielleicht bilde ich mir das alles nur ein, vielleicht irrt sich der Bokor, vielleicht wird überhaupt nichts passieren!" Immer wieder sagte er sich das, während er seine Rede erneut überflog, mit zitternden Fingern darin herumblätterte und ab und zu einen Blick aus dem Fenster warf. Die Leute jubelten nach wie vor. Es war ein überwältigender Einzug, ein großer Triumph für ihn.

„Alles in Ordnung, Exzellenz?," fragte Lavalle. „Ja, selbstverständlich Oberst Lavalle." Unaufhaltsam, wenn auch im langsamen Tempo fuhren die Wagen weiter, die Arzobispo Merino Straße entlang, gelangten in die berühmten Intramuros und blieben auf dem Parque Colon stehen. Duvalier stieg aus und näherte sich schnell dem Palacio de Borgellá. Seine Bewacher konnten kaum Schritt halten, so schnell lief er die Stufen hinauf. Mit einer für einen Mann seines Gewichtes erstaunlichen Behändigkeit erklomm er die zahlreichen Stufen und stand vor dem großen Mikrophon. Die beiden Zombies nahmen rechts und links von ihm Aufstellung, Oberst Lavalle stand unmittelbar hinter ihm. Er war gut geschützt. Das Mikrophon wurde eingeschaltet und Duvalier begann seine Rede an das Volk von Santo Domingo.

## Das Attentat

Tarek Breithagen saß auf der Reportertribüne. Sein Blick fiel auf die schwer bewaffneten Wachen, die den großen Platz umstellt hatten. Duvaliers Worte interessierten ihn nicht. Das Geschwafel des schwarzen Mörders wird er ohnehin bald beenden, für immer beenden, wie er hoffte. Alle Reporter waren gründlich einer Leibesvisitation unterzogen worden, ihr Gepäck, ihre Ausrüstung, alles war unter die Lupe genommen worden. Trotzdem hatte man den schweren langläufigen Colt im doppelten Boden seiner Fototasche nicht entdeckt. Breithagen kramte nun in dieser Tasche herum, von allen unbemerkt legte sich seine Hand auf den Colt. Jetzt musste Mike in Aktion treten. Es war höchste Zeit. Wo blieb Modena? In diesem Moment krachte es. Eine gewaltige Detonation übertönte das Geschehen. Sofort handelte Breithagen. Er riss den Colt heraus, stieß die zwei französischen Journalisten, die vor ihm standen, zur Seite und richtete seine Waffe auf den ihm gegenüberstehenden Diktator. Sie waren auf gleicher Höhe. Die Rednertribüne und die Reportertribüne waren nur einige Meter voneinander entfernt. Für den kurzen Bruchteil einiger Sekunden nur sah Breithagen in die Augen des schwarzen Diktators, sah das Entsetzen, das sich in ihnen wiederspiegelte, sah die Angst, die darin zu lesen war. Er zog den Abzug durch und streckte Oberst Lavalle nieder, der sich zwischen den Schuss und sein Staatsoberhaupt geworfen hatte. Schnell schoss Breithagen wieder und sah, wie der Diktator stürzte. Sein Schuss hatte ihn getroffen. Er drehte sich um, sah den Scharfschützen auf dem Dach des Hauses hob die Waffe, kam aber nicht mehr dazu, erneut abzudrücken, denn die Kugeln aus den Pistolen der Leibwächter des Diktators rissen ihn herum und ließen ihn von der Tribüne stürzen. Den Aufschlag auf dem weichen Rasen spürte er noch, er versuchte, den Kopf zu heben, doch es blieb bei dieser angedeuteten kraftlosen Bewegung. Seine Sinne schwanden. Die aufgescheuchte Menge starrte auf den am Boden liegenden Mann, auf den nun die Polizisten zuliefen und ihre Waffen richteten. Einer der Männer richtete seinen Gewehrlauf auf den Hinterkopf von Tarek Breithagen, als ein gewaltiger Schrei die Aufmerksamkeit wieder auf die Rednertribüne lenkte. „Nein, nicht schießen, tötet ihn nicht!" Am Rednerpult stand der kreidebleiche Duvalier und brüllte diese Worte in das immer noch intakte Mikrophon, sodass sie auf dem ganzen Platz deutlich vernehmbar waren. „Ich will ihn lebend!" Dann brach der Diktator, der sich seine rechte Schulter hielt, zusammen. Ein hässlicher, dunkelroter Fleck, der immer größer zu werden schien, war auf Duvaliers nagelneuem blauen Nadelstreifanzug zu bemerken. Ein Geheimpolizist untersuchte den Diktator und stellte fest, dass er noch atmete. „Seine Exzellenz lebt. Er ist nur bewusstlos!", schrie er.

Derselbe Krankenwagen, der Duvalier abtransportierte, übernahm nur kurze Zeit später auch Tarek Breithagen. Er war zwar schwer verwundet, doch auch er lebte. Während man den Staatschef von Haiti, der einen Schulterstecksschuss davongetragen hatte, bereits verarztete, wurde Tarek Breithagen ins Spital gebracht. Er war bewusstlos und der mitgekommene Arzt beendete soeben seine Diagnose. „Der Bursche hat nicht mehr allzu viele Chancen. Ein Bauchschuss ist zumeist tödlich. Wir müssen es trotzdem versuchen. Geben Sie durch, dass man sofort alles für eine Operation vorbereiten soll!"

Der weißhäutige Arzt blickte auf seinen bewusstlosen Patienten hinunter. „Vielleicht wäre es besser Du krepierst, mein Junge, wenn ich jetzt Dein Leben rette, so wirst Du Dich trotzdem nicht vor dem Tod verstecken können. Aber ich werde es versuchen." Gerade als der Arzt sein kurzes Selbstgespräch beendet hatte, hielt der Krankenwagen vor dem Regierungshospital von Santo Domingo. Schnell trugen die Sanitäter die Bahre mit Breithagen ins Krankenhaus, eilten die Stufen zum großen Operationssaal hinauf, wo das über Funk verständigte Ärzteteam bereits auf seinen Patienten wartete.

**Jagd auf Mike Modena**

Mike Modena hatte das Attentat durch sein Fernglas beobachtet. Am anderen Ende des riesigen Platzes hatte er sich auf einem Glockenturm befunden, hatte die Sprengladung gezündet, die eine Mauer in der Nähe der alten Kirche zerstörte, hatte gesehen wie Tarek Breithagen zuerst Oberst Lavalle von den Beinen schoss und dann auch Duvalier traf. Mit ohnmächtiger Wut hatte er mitansehen müssen, wie Tarek getroffen von der Pressetribüne stürzte. Er wusste nun, dass es die Absicht seines Freundes gewesen war, auch ihn nach Möglichkeit zu schonen. Nur deshalb hatte er ihm befohlen, die Sprengung von jenem Turm aus zu vollziehen. Doch nun war sein bester Freund tot. Er sah noch wie die bewaffneten Securityleute auf den am Boden liegenden Breithagen zuliefen, dann raffte er sich auf und verließ die Kirche. Schnell lief er die Stufen hinunter und zog im Laufen seine schwere Magnum 44 aus seinem Halfter. Als er auf der Straße war, waren nur Schaulustige zu sehen, obwohl sich in schneller Fahrt ein Militärwagen näherte. Modena richtete die Pistole auf sie und sprang auf sein Auto zu. Er riss die Tür auf, startete und fuhr los. Im Rückspiegel konnte er erkennen, dass das Fahrzeug bereits die Verfolgung aufgenommen hatte. Er beschleunigte sein Tempo, nahm die vor ihm liegende Kurve in mörderischer Fahrt und wendete plötzlich seinen Wagen. Die Verfolger konnten auf das Manöver Modenas nicht mehr rechtzeitig reagieren und fuhren in vollem Tempo weiter, sahen die angrenzende Mauer zu spät und brausten mit voller Wucht dagegen. Modena sah, wie einer der Männer durch die Windschutzscheibe geschleudert wurde und mit dem Kopf frontal an die Mauer stieß. Der Mann musste sich das Genick gebrochen haben. Die anderen Insassen hatten wahrscheinlich das Bewusstsein verloren, denn keiner in dem zertrümmerten Fahrzeug rührte sich mehr. Modena fuhr wieder an und sah im Rückspiegel wie sich mehrere Leute, die den Vorfall beobachtet hatten, vorsichtig aus ihren Häusern wagten und sich dem Unfallfahrzeug näherten. Er bog bereits in die nächste Straße ein, raste über die Kreuzung und überlegte fieberhaft, was zu tun sei. Konnte er in sein Hotel zurück?

Nein, denn möglicherweise hatte man mittlerweile seine Nummer, die Nummer des Mietwagens und somit auch wahrscheinlich seinen Aufenthaltsort ermittelt. Er saß in der Falle. Santo Domingo war für ihn zur Mausefalle geworden und es war nur eine Frage der Zeit bis diese Falle zuschnappt. Ein Blick in den Rückspiegel sagte ihm, dass er nicht mehr verfolgt wurde. Vielleicht hatten seine Verfolger keine Zeit mehr eine Funkmeldung an die Zentrale abzugeben. So blieb ihm noch eine kleine Chance. Er fuhr in eine Gasse und stellte sein Fahrzeug ab. Schnell verließ er den Wagen und ging auf ein in der Nähe gelegenes Hotel zu. Er hatte alles bei sich, Geld, seinen Pass, er musste nur die Ruhe bewahren. Er setzte sich in die Empfangshalle des Hotels an einen kleinen Ecktisch und überlegte erneut, was zu tun sei. Er musste sein Aussehen verändern, sich irgendwie zum Hafen durchschlagen und versuchen, mit einem Schiff das Land zu verlassen.

Er ging auf die Toilette und ging daran, sich seinen Bart abzurasieren. In seiner Reisetasche hatte er alle die dafür benötigten Utensilien. Er nahm die große Schere und begann seinen Bart zu schneiden. Der Rasierapparat tat sein Übriges und bald blickte ihm sein glatt rasiertes Gesicht aus dem Spiegel entgegen. Über fünf Jahre hatte er diesen Bart getragen und nun musste er sich eingestehen, dass er sich selbst kaum wiedererkannte. Die Veränderung war perfekt gelungen.

Als er die Hotelhalle wieder betrat, schenkte ihm kaum jemand Beachtung. Mit ruhigen Schritten trat er hinaus auf die Straße und spazierte gemächlich auf einen Laden zu. Er ging hinein, tat so, als ob er etwas kaufen wollte und gab sich dabei wie ein harmloser Tourist aus. Er verließ den kleinen Laden wieder und schlenderte zu einem in der Nähe befindlichen Friseurgeschäft, wo er neuerlich Halt machte. Er ging hinein und ließ sich die Haare sehr kurz schneiden.

Nach dieser neuerlichen Veränderung konnte man ihn wirklich kaum wiedererkennen. Außerdem fiel auf ihn kein Verdacht. Die wenigen Leute, die ihn aus der Kirche laufen sahen, würden ihn niemals wiedererkennen.

Nachdem er eine halbe Stunde lang ziellos durch die Straßen von Santo Domingo gelaufen war, betrat er ein schäbiges Hotel, das sicher nur von Einheimischen frequentiert wurde. Als er dem Rezeptionisten ein paar Dollarscheine ins Gesicht hielt, wurde dieser sehr schnell freundlich. Modena trug sich ins Gästebuch ein und musste insgeheim über den Namen lachen, den er gewählt hatte. Bernard Montgomery hatte er hingeschrieben. Der alte General wird ihm diesen Frevel verzeihen. Der Rezeptionist warf nur einen flüchtigen Blick auf den Namen und händigte ihm einen Schlüssel aus. Er hatte keinen Pass verlangt, die Dollarscheine waren ihm offensichtlich Legitimierung genug gewesen. Geld sprach in diesem Land eine überaus deutliche Sprache, speziell wenn es sich um US-Dollar handelte.

Modena warf sich auf das armselige Bett und schloss die Augen. In diesem schäbigen Hotel vermutete ihn wahrscheinlich niemand. Trotzdem galt es, schnell zu handeln. Er hatte genügend Geld, um sich eine Schiffspassage zu kaufen, aber er wusste nicht genau, ob er dies wagen konnte. Auf der anderen Seite konnte er auch den Hafenbehörden sagen, dass er seinen Bart abrasiert hatte und deshalb nun begreiflicherweise etwas anders aussah. Tarek Breithagen war tot, doch er hatte Duvalier erwischt. Der schwarze Mörder lebte nicht mehr, Tareks Opfer war nicht umsonst gewesen. Modena drehte sich auf die Seite und versuchte an nichts zu denken. Er musste versuchen, ein wenig zu schlafen. Er war ein Gejagter, das stimmte. Dennoch befand er sich im Vorteil, denn seine Jäger kannten ihn nicht, wussten nicht, wo er sich aufhielt. Trotz der inneren Anspannung schlief er ein. Als er erwachte, war es 20.00 Uhr abends. Er wusch sich und machte sich bereit, einen Erkundungsspaziergang in Richtung Hafen zu unternehmen.

**Konfrontation mit dem Attentäter**

Duvalier blickte auf den bewusstlosen Breithagen. Der Diktator trug den Arm in einer Schlinge und beobachtete aufmerksam das Gesicht des im Koma liegenden Mannes. „Eine Frage nur, Doktor. Wird er durchkommen?" Der weiße Arzt, der Breithagen zuvor fast zwei Stunden lang operiert hatte, runzelte die Stirn. „Ich weiß es nicht, Herr Präsident. Er hat einen Bauchschuss und der linke Arm wurde auch getroffen. Es ist an sich ein Wunder, dass er überhaupt noch lebt. Aber er ist außerordentlich zäh und sehr stark. Es kann sein, dass er sich erholt, die Krise wird in den nächsten drei Tagen eintreten, übersteht er die, besitzt er eine berechtigte Chance zu überleben. Ich veranschlage seine Chancen auf 30 zu 70. Darf ich Ihnen eine Frage stellen, Herr Präsident?"

„Ja, Doktor, was wollen Sie wissen?" „Warum liegt Ihnen so viel daran, dass dieser Mann überlebt, Herr Präsident? Er ist doch ein Attentäter, er wollte Sie töten!" „Doktor, ich muss mehr über den Mann erfahren, wer er ist, woher er kommt, warum er mich töten wollte, warum er ein solches Wagnis auf sich nahm, warum er einen solchen Selbstmordauftrag annahm und vor allem wer seine Auftraggeber sind." „Sie glauben, es handle sich um einen bezahlten Killer?" „Davon bin ich überzeugt. Warum hätte sich dieser Mann sonst in solche Gefahr begeben? Er, ein weißer Mann, der mir unbekannt ist? Nein, da stecken Auftraggeber dahinter, glauben Sie mir. Der Mann da kann gar nicht auf eigene Faust gehandelt haben. Er muss überleben, ihm muss der Prozess gemacht werden und zwar in Haiti!"

Ohne ein Wort des Abschiedes entfernte sich Duvalier. Der Arzt überlegte. Auch er kannte die Gräuelgeschichten über Duvalier, auch er wusste von den Vorgängen im Nachbarstaat. Es befanden sich genügend Flüchtlinge aus Haiti in der Dominikanischen Republik, das selbst ein armes Land war und nicht recht wusste, was mit diesen Flüchtlingen geschehen sollte.

Der Arzt überlegte, ob man den Attentäter wohl ausliefern würde. Die Beziehungen zwischen den beiden Staaten waren zwar freundschaftlicher geworden, doch Tatsache war, dass sich der Anschlag auf dominikanischem Boden ereignet hatte und der Vorfall daher der dominikanischen Gerichtsbarkeit oblag. Die Gesichtszüge des bewusstlosen Breithagen wirkten entspannt, er atmete zwar schwer, doch das war nur allzu verständlich, wenn man in Betracht zog, welche Operation dieser Mann hinter sich hatte. „Eigentlich ein sympathisches, edles Gesicht", dachte der Arzt. Was hatte diesen Mann wohl dazu bewogen, einen derartig aussichtslosen Anschlag auf den Herrscher von Haiti durchzuführen?

Wo kam der Mann her? War er wirklich ein bezahlter Killer? Der Doktor warf einen erneuten Blick auf das Gesicht des Mannes, dem er aller Wahrscheinlichkeit nach das Leben gerettet hatte. Er konnte sich des Gefühls nicht erwehren, doch irgendwie fühlte er Mitleid für ihn, auf irgendeine Art und Weise war ihm der Mann, den er für einen Mörder hielt, sehr sympathisch.

Für Duvalier aber hatte er eine sofortige Antipathie entwickelt. Er glaubte alle die Berichte, die man ihm über den Diktator erzählt hatte. Nun, da er ihn kennengelernt hatte, wenn auch nur kurz, war er überzeugt, dass diese Berichte stimmten. Der Eindruck, den der Staatspräsident von Haiti auf ihn gemacht hatte, war durchaus der eines skrupellosen, verschlagenen Machthabers, eines Mannes, der es gewöhnt war, stets seinen Willen durchzusetzen, der keinen Widerspruch duldete. Solche Menschen hasste der junge Arzt, für sie empfand er Abscheu. Für den zwischen Leben und Tod schwebenden Attentäter aber empfand er Mitleid.

## El Gato

Mike Modena saß in einer Hafenkneipe und plauderte mit Matrosen. Er erzählte ihnen, er sei ein amerikanischer Seemann, der in Santo Domingo gestrandet war und nun auf eine Heuer wartete, um von hier weg zu kommen. Aufmerksam hatte er zuvor die Nachrichten verfolgt, die zwar vom Attentat auf den Staatspräsidenten von Haiti berichteten, seine Rolle bei diesem Anschlag aber mit keinem Wort erwähnten. Vielleicht hatte man eine Nachrichtensperre verhängt, weil man verhindern wollte, dass der Komplize von Tarek Breithagen etwas über die Maßnahmen der Polizei erfuhr. Die Nachrichten hatten auch davon gesprochen, dass der Attentäter noch lebte, operiert worden sei, aber nur geringe Überlebenschancen besäße.

Tarek Breithagen lebte also noch. Doch er konnte ihm nicht helfen, nicht jetzt. Er musste versuchen, die Dominikanische Republik zu verlassen und zwar auf dem schnellsten Wege. Er musste Douglas Macleod in Barbados treffen. Dann würden sie weitere Einzelheiten über das Schicksal von Tarek Breithagen erfahren. Doch nun musste er sich in Sicherheit bringen. Die Matrosen, mit denen er sprach, gehörten zur Besatzung eines schmierigen alten Bootes, das unter spanischer Flagge fuhr und „El Gato" hieß. Modena hatte bald herausgefunden, dass auf diesem Boot nicht alles mit rechten Dingen zugehen konnte. Er nahm an, dass es sich um Drogenschmuggler handelte, um Leute also, die sich scheuten, mit dem Gesetz in Berührung zu kommen. Dieser Kahn war genau das, was er suchte. Das Boot war auf dem Weg nach Miami in die Staaten, wird aber in Barbados anlegen, das war keine Frage. Modena bot den Matrosen an, unentgeltlich auf ihrem Schiff als Seemann anzuheuern, nur um diese langweilige Stadt endlich verlassen zu können, wie er sich ausdrückte. „Wir sind zwar komplett", sagte der Steuermann der „El Gato", „doch Du kannst mitkommen und mit unserem Kapitän sprechen, vielleicht gefällt ihm Dein Vorschlag."

Als Modena vor Kapitän Lopez stand, wusste er sofort, wen er vor sich hatte. Dieser Mann war zweifelsohne ein Schmuggler, ein Mann, der sicher der Unterwelt angehörte. „So, so, Du willst also um jeden Preis mitgenommen werden, Bursche. Nur weil Du die Langeweile nicht mehr aushältst, was? Rede Bursche, was ist der wahre Grund? Hast Du hier irgendein Ding gedreht? Na, sprich schon Kerl!"

„Und wenn es so wäre, Kapitän Lopez?" „Aha, wir kommen der Sache schon näher. Hast Du Geld bei Dir, Freund? Wieviel bietest Du mir, wenn ich Dich mitnehme?" Modena wusste, dass er nicht die Zeit besaß, sich auf einen langen Handel einzulassen. Auch wenn er sich nun in die Hände eines Strolches begab, war dies bei weitem besser, als in Santo Domingo zu bleiben und zu warten, bis man ihm auf die Spur kam. Außerdem konnte er Breithagen in der jetzigen Situation ohnehin nicht helfen. „Ich biete Ihnen 3000 Dollar, Kapitän Lopez. 1500 jetzt und den Rest wenn ich Ihr Schiff wieder verlassen werde. Aber wir müssen so schnell wie möglich ablegen." Kapitän Lopez hatte große Augen bekommen. „Das ist ein gutes Angebot. Verfügen Sie über mich, mein Herr, wir haben unsere Fracht geladen und können bereits in einer halben Stunde auslaufen. Wo ist das Geld?"

Modena öffnete seine Reisetasche und nahm ein Bündel Geldscheine heraus. Gierig riss sie ihm der Spanier aus der Hand. „Und was hindert mich daran, Dir das Geld abzunehmen und Dich zu den Fischen zu schicken, Freund?" sagte er, hämisch grinsend. „Mein Begleiter hier, Freund", rief Modena und zog die 44 Magnum aus der Tasche. „Ein falsches Wort, Freund und Du bist so tot wie Dillinger. Du kannst Dir Dein Geld verdienen, aber spiel kein falsches Spiel mit mir, Lopez, sonst lege ich Dich um. Los, gib den Befehl zum Auslaufen. Und denke daran, dass ich Dich im Auge behalten werde, Bruder."

Der Kapitän betätigte sein Sprechrohr und befahl dem Maschinisten, das kleine Schiff zur Abfahrt vorzubereiten. Als bald darauf der Steuermann in die Kapitänskajüte kam, saß Mike Modena friedlich neben dem Kapitän. Dieser jedoch wusste, dass er ihn erschiesst, falls er sich irgendwie auffällig verhielt. „Es ist alles in Ordnung, Ramirez", sagte er. „Wir nehmen diesen Señor hier mit. Er bezahlt für seine Passage. Es ist ohnehin besser wir laufen früher aus, auch im Sinne unserer Fracht. Und unser Freund hier muss aus ähnlichen Gründen diesen Hafen sehr schnell verlassen." Lopez grinste und der Steuermann nickte. Auch er zeigte ein leichtes Grinsen. Es war alles in Ordnung. Wahrscheinlich handelte es sich bei ihrem Passagier ebenfalls um einen Drogenschmuggler. Es war alles klar. Der Steuermann ging auf seinen Posten und die „El Gato" verließ den Hafen von Santo Domingo.

Misstrauisch blickte Modena auf Kapitän Lopez. Er hatte es geschafft, er verließ Santo Domingo, doch er war von Lumpen umgeben, er musste auf der Hut sein, denn diese Gauner würden nicht zögern, ihn zu töten, wenn er ihnen eine Gelegenheit dazu bot.

„Du kannst die Hand wieder von der Waffe nehmen, Freund. Wir sind aus dem selben Holz geschnitzt, wie es scheint. Und nun sitzen wir im selben Boot, im wahrsten Sinne des Wortes. Du brauchst nicht mehr so misstrauisch zu sein. Hast Du auch Stoff bei Dir? Vielleicht lässt sich ein weiteres Geschäft machen, Freund?" Der Kapitän lächelte. „Ich werde es mir überlegen", sagte Modena. „Lass uns nur erst einmal in Barbados sein, Freund." „Okay", war die Antwort des Kapitäns. „Nur keine Angst. Du bist schon so gut wie dort."

## Der Wartende auf Barbados

Mit einem Druck auf die Fernbedienung schaltete Douglas Macleod das Fernsehgerät ab. Tarek Breithagen hatte ihn bewusst belogen, weil er ihn nicht erneut in Gefahr bringen wollte. Deshalb hatte er ihm den wahren Zeitpunkt des Anschlages verschwiegen. Nun lag er schwerverletzt im Regierungshospital in Santo Domingo. Der schwarze Mörderdiktator aber war nur leicht verletzt worden und würde sich bald wieder erholen. Wenn er doch nur dabei gewesen wäre! Hätte er seinen „Baron" schützen können? Vielleicht war es besser so. Denn wenn Tarek Breithagen wieder gesund wird, dann wartete erneut der Tod auf ihn, davon war Douglas Macleod überzeugt. Dann brauchte Tarek einen Freund und Gefährten seines Formats. Er wird alles daran setzen, jenen Mann zu befreien, der ihm näher stand als ein Bruder.

Sie waren ein merkwürdiges Gespann: der kluge, gebildete, belesene Breithagen und er, der riesige, eisenharte Schotte, der in seinem Leben nur ein Buch öfter gelesen hatte, nämlich die Bibel. Douglas Macleod hatte Tarek Breithagen immer als Genie betrachtet, hatte die eigenartige Kraft, die von ihm ausging, gespürt, hatte erkannt, dass dieser Mann nicht mit normalen Maßstäben zu messen war, dass er aus der Masse der Mittelmäßigkeit herausragte wie eine gute Tat in einer schmutzigen Welt.

Nie vergaß er die Tage, die sie gemeinsam auf den Hebriden verbrachten, wie sie im Hochsommer durch das weiße Heidekraut streiften, sie mit den Fischern hinausfuhren, wie gerne Breithagen den Kilt trug, den er ihm geschenkt hatte. Er dachte an seine Schwester Sarah, die sich unsterblich in seinen schweigsamen, einsamen Freund verliebte, ohne dass es Breithagen je aufgefallen wäre. Das Geheimnis, das Breithagen umgab, hatte auch er nie ergründen können. Doch der Mann hatte ihn seit dem Zeitpunkt, als er ihn zum ersten Mal traf, fasziniert. Er hatte ihn im Kampf erlebt, er hatte sich immer gefragt, warum ein Mann wie Breithagen, der doch offensichtlich genügend Geld besaß, sich überhaupt auf solche Söldneraktionen eingelassen hatte.

Die Welt wurde immer unverständlicher, immer grausamer für den Schotten. Er verstand sie schon lange nicht mehr. Wohin man auch blickte: Leid, Mord, Totschlag, Unterdrückung, Korruption. Ein schwarzer Mörder konnte ein ganzes Volk in die Knie zwingen und die Welt schwieg. Douglas Macleod war immer ein Mann der Tat gewesen, der für Bücher und Philosophieren nicht viel übrig hatte. Er hörte jedoch Breithagen gerne zu wenn dieser von Dingen sprach, die ihm vollkommen fremd waren: von den Schätzen der Literatur, von der Fähigkeit des Menschen, sich seine Träume zu bewahren. „Der Mensch, Dougie, lebt nicht nur von Taten allein", hatte ihm Breithagen einmal erklärt. „Der Mensch lebt vor allem auch von seinen Träumen. Eine Welt ohne Träume, eine Welt ohne Literatur, eine Welt ohne die Philosophie, mein lieber Dougie, ist wie eine Oase ohne Wasser: zum Scheitern verurteilt!" Er konnte sich gut an diese Worte erinnern.

Und nun lag Tarek Breithagen in diesem Hospital, kaum eine Flugstunde von ihm entfernt und rang mit dem Tode und er konnte ihm nicht helfen. „Der Krieg ist noch nicht vorbei, Tarek Breithagen. Kämpfe um Dein Leben, kämpfe mit jeder Faser Deines Herzens, Du musst überleben, denn ich werde Dich befreien, ich werde nicht zulassen, dass Du in einem Konzentrationslager des teuflischen Diktators vor die Hunde gehst, das schwöre ich!"

Eine Frage bewegte den schottischen Fischer, der im Grunde seines Herzens immer der Feldwebel Douglas Macleod ist, denn er war der geborene Kämpfer, er war aus jenem Stoff gemacht, der die Soldaten des Britischen Empires so groß gemacht hatte, er war ein Nachfahre der Männer der Black Watch (Royal Highland Regiment) und wäre er in einem anderen Jahrhundert geboren worden, so könnte man sich ihn gut in Majuba in Südafrika, in Khartoum an der Seite von General Gordon vorstellen.

Die Frage, die ihn in Atem hielt, was war mit Mike Modena geschehen war. Hatte der Amerikaner fliehen können? War er den Häschern von Duvalier entgangen? Mit keinem Wort hatte man ihn erwähnt, es schien, als ob man der Meinung sei, Tarek Breithagen hätte ganz allein das Attentat vorbereitet und ausgeführt. Wo also war Modena? Er kannte Modena sehr genau und wusste, dass der Amerikaner auf seine Art genauso einmalig war wie der „Baron". Auch er besaß Geld im Überfluss, wenn er es auch manchmal zum Fenster hinauszuwerfen schien. Modena war der typische amerikanische Abenteurer. In Papua-Neuguinea hatte er zwei Jahre lang in Gefangenschaft von Wilden überlebt, sich selbst befreit und allein und ohne viel Nahrung den Dschungel mit all seinen stets lauernden Gefahren durchquert. Er flog so gut wie jedes Flugzeug und besaß Nerven wie Drahtseile. Macleod war sich seiner körperlichen Kraft wohl bewusst. Es gab wenige Männer, die er für gefährlich hielt, die er in einem Kampf, einem Männerkampf, fürchtete. Zu diesen gehörte Modena. Der Millionärssohn war ihm kraftmäßig mindestens ebenbürtig, war aber viel schneller und wohl auch brutaler als er.

Es konnte durchaus sein, dass Modena die Flucht gelungen war und sich jetzt auf dem Wege zu ihm befand. Er beschloss also, vorerst nichts zu tun, sondern nur auf das Eintreffen des Amerikaners zu warten. Je länger er darüber nachdachte, desto überzeugter wurde er, dass Modena nicht erwischt worden war. Es gab noch Hoffnung für Tarek Breithagen.

**Das erste Verhör**

Zwei Tage lang war Tarek Breithagen bewusstlos gewesen. Der Arzt, der ihn operiert hatte, sein Name war Diego Ibanez, war Tag und Nacht nicht von seiner Seite gewichen. Nach 48 Stunden schlug Breithagen zum ersten Mal die Augen auf. Er sah den Arzt neben sich, der eingenickt war, sah das Krankenzimmer und spürte die Schmerzen in seinem Bauch. Er versuchte sich aufzurichten, sank aber gleich wieder kraftlos zurück. Da erwachte der Doktor und erkannte die Situation sofort. Sein Patient hatte die Augen geöffnet, er hatte die Krise überstanden, er würde überleben. Er maß seine Temperatur und stellte fest, dass sie gesunken war. „Ruhig, mein Freund, ruhig!", sagte Doktor Ibanez. „Sie wurden schwer verwundet und sind immer noch sehr schwach. Aber Sie kommen wieder auf die Beine!" Es fiel, ihm schwer, dem Schwerverletzten, der in der letzten Nacht dem Tod von seinem Wagen gesprungen war, aufmunternde, tröstende Worte zu sagen, denn er wusste genau, dass dieser Mann ein Opfer Duvaliers war. Sobald er wieder vollständig gesund war, machte man ihm den Prozess. Das wiederum bedeutete den sicheren Tod oder lebenslange Haft.

Breithagen war wieder eingeschlafen. Der Arzt verließ das Zimmer, befahl einer Schwester auf seinen Patienten zu achten und begab sich in das Dienstzimmer, wo auch er ein wenig zu ruhen gedachte. Schließlich hatte er zwei Tage und Nächte fast nichts geschlafen. Er betrat das Zimmer und sah sich mit der Person des Polizeichefs von Santo Domingo und mit Jean-Claude Duvalier konfrontiert. „Ist er aufgewacht?", grußlos hatte Duvalier ihm diese Frage entgegengeschleudert. Der todmüde Arzt setzte sich und nickte. „Wann kann ich mit ihm sprechen?" „Ich weiß es nicht, Herr Präsident. Er ist noch sehr schwach. Er hat nur kurz die Augen aufgeschlagen und ist dann gleich wieder eingeschlafen. Er hat kein Wort gesprochen. Vielleicht ist er morgen so weit, dass Sie kurz mit ihm sprechen können. Und jetzt entschuldigen Sie mich, ich muss mich ausruhen." Mit diesen Worten erhob sich der Doktor und verließ den Raum.

„Ich bleibe nur noch zwei Tage in Santo Domingo. Verstehen Sie, nur zwei Tage. Ich bin ohnehin nur geblieben, weil ich mit diesem Mann sprechen muss und zwar unmittelbar nachdem er erwacht, nicht erst, wenn er sich in unseren Gefängnissen befinden wird." Der Polizeichef von Santo Domingo blickte dem Staatsoberhaupt von Haiti in die Augen und sagte: „Sie wissen, Herr Präsident, dass sich der Anschlag hier bei uns ereignet hat. Der Prozess wird diesem Mann also hier gemacht werden. Ob er dann an Ihr Land ausgeliefert werden wird, ist Sache der Regierung." Duvalier warf dem Mann einen bösen Blick zu und entgegnete: „Ganz egal, wo der Attentäter abgeurteilt wird, seine Strafe wird er auf jeden Fall in meinem Land verbüßen, denn sein Verbrechen ist ein Verbrechen, das sich gegen den Staat Haiti richtete. Schlimm genug, dass Ihre Vorsichtsmaßnahmen total versagt haben, schlimm genug, dass der Kopf meiner Geheimpolizei, Oberst Lavalle, durch Ihre Unachtsamkeit sterben musste. Dieser Mann, der auf mich schoss, ist ein kaltblütiger Mörder, wer weiß wie viele Menschen er schon auf dem Gewissen hat. Nein, nur in Haiti wird er seine gerechte Strafe erfahren, dafür werde ich sorgen, glauben Sie mir."

Auch Duvalier verließ das Zimmer und ließ den so beschimpften Polizeipräsidenten zurück.

Als Breithagen am nächsten Morgen erneut die Augen aufschlug, war Dr. Ibanez wieder an seiner Seite. „Guten Morgen", sagte er. „Können Sie mich verstehen?" Breithagen nickte. Mühsam bewegte er seine Lippen. „Doktor, was, was.... ist mit Duvalier? Ist er ...? „Nein, er ist nicht tot. Sie haben ihn nur verwundet. Dafür haben Sie einen anderen Menschen getötet, den Chef der Geheimpolizei von Haiti." Bitter hatte der Arzt diese Worte ausgesprochen. So sehr er den Mann schätzte, der da vor ihm lag – wenn auch aus ihm unbegreiflichen Gründen – so sehr hatte ihn dessen erste Frage nach seinem Erwachen bestürzt und getroffen. Wie konnte er nur sofort fragen, ob sein Attentat von Erfolg gekrönt gewesen sei? War er doch nur ein Mörder, ein bezahlter Killer, der für Geld tötete?

In diesem Moment betrat Jean-Claude Duvalier das Zimmer. Mit ihm war der Polizeichef von Santo Domingo eingetreten. Sofort eilte Duvalier auf Breithagen zu und beugte sich über ihn. „Wer sind Deine Auftraggeber, Kerl?" fragte er ihn auf Französisch. Breithagen erschauderte. Da stand der Massenmörder in Lebensgröße vor ihm, jener Mann auf dessen Konto der Tod von Carmen Dolores, Rassen Khan und vieler seiner Söldner ging, der Mörder von José Dolores, der Schlächter, der schwarze Satan, den er töten wollte und er lag bewegungsunfähig da, war nicht in der Lage dem Diktator ins Gesicht zu schlagen. Erneut fragte Duvalier: „Wer sind Deine Auftraggeber?" Breithagen nahm alle Kraft zusammen und spukte Duvalier ins Gesicht. Angewidert und mit letzter Kraft drehte er den Kopf zur Seite und fiel erneut in Ohnmacht. Er spürte die Ohrfeige, die ihm der wutentbrannte Duvalier gegeben hatte, nicht mehr. Als dieser erneut zuschlagen wollte, riss ihn Dr. Ibanez zurück. „Der Mann ist schwer verwundet. Und er ist mein Patient, wer er auch sein mag, was er auch getan haben mag. Sie werden ihn nicht wieder schlagen, Herr Präsident. Sie wollen doch, dass er überlebt, oder?" Dr. Ibanez hatte diese Worte herausgeschrien, während er sich bemühte, den schwergewichtigen Duvalier zu halten. „Lassen Sie mich los!", brüllte dieser und löste sich von dem Arzt. „Es ist gut, ich gehe, ich gehe." Knallend fiel die Tür hinter Duvalier ins Schloss. Der Polizeichef zuckte mit den Schultern und sagte: „Regen Sie sich nicht auf, er wird sich schon wieder beruhigen. Außerdem reist er ohnehin bald ab. Verständigen Sie mich, wenn Ihr Patient wieder zu sich kommt, ja?"

Wieder war der Arzt allein im Zimmer des schwerverletzten Attentäters. Die Szene, der er eben beigewohnt war, überzeugte Dr. Ibanez, dass der Bewusstlose kein bezahlter Mörder sein konnte. Er hatte den unheimlichen Hass in den Augen des Schwerverletzten gesehen, er wusste welch riesige Anstrengung es für den vor zwei Tagen noch in Lebensgefahr schwebenden Mann bedeutet haben musste, dem Mann gegenüberzustehen, den er töten wollte, mit welch großer Willensanstrengung er dem Blick Duvaliers standgehalten hatte. Dieser Mann hatte aus eigenem Antrieb gehandelt. Dieser Mann war kein Killer, den man für Geld anwerben konnte.

Dr. Ibanez nahm sich vor, mehr über den unglücklichen Menschen zu erfahren. Es würde genug Zeit für Gespräche geben. Es würde mindestens einen Monat, wenn nicht zwei Monate dauern, bis der Gefangene so weit war, dass er wieder gehen konnte, dass er die Strapazen eines Prozesses ertragen konnte. Doch würde der Mann mit ihm sprechen? Längst hatte Dr. Ibanez erkannt, dass es sich bei diesem Patienten um einen besonderen, außergewöhnlichen Mann handelte.

„Er muss mir einfach alles erzählen. Vielleicht kann ich ihm helfen!", dachte der Arzt und griff Breithagen an die Stirn. Er deckte ihn zu und rief nach der Schwester.

## Kampf auf der El Gato

„Nur noch zwei Stunden, Freund, dann sind wir in Barbados. Na, wie sieht's aus mit einem kleinen Geschäft? Welche Art von Stoff hast Du dabei? Na, sprich schon! Habe ich Dich nicht hierher gebracht? Ist Dir irgendetwas auf dieser Reise zugestoßen? Habe ich mich Dir gegenüber nicht fair verhalten? Glaube nicht, dass wir Dich nicht erledigen hätten können, wir sind immerhin sechs Mann und Du bist allein. Was glaubst Du, welche Möglichkeiten ich gehabt hätte, als Du schliefst? Es war zwar nur ein leichter Schlummer und sicher wärst Du aufgewacht und hättest von Deiner Waffe Gebrauch gemacht. Es hätte nur unnützes Blutvergießen gegeben, claro? Wir sind doch von derselben Sorte, Freund. Na komm schon, welchen Stoff schmuggelst Du?"

„Wir sind noch nicht in Barbados", sagte Modena kurz und legte dabei demonstrativ seine Hand an die Magnum 44. Er wusste, dass er diesem Kapitän nicht trauen konnte, genauso wenig wie einer Schlange und dass dieser Schmugglerkapitän, der mit Drogen handelte und wahrscheinlich damit viele Unschuldige, viele vorwiegend junge Menschen ins Verderben stürzte, ihn nicht lebend von Bord lassen würde, war klar. Er wird versuchen, ihm sein Geld abzunehmen, um ihn dann verschwinden zu lassen. Das Meer war schweigsam und barg viele Tote. Es war ihm zwar nicht ganz klar, was der Spanier im Schilde führte und warum er ihn während der ganzen Fahrt in Ruhe gelassen hatte, ihn sogar einmal schlafen ließ, aber er wusste, dass der Moment wo der Drogenlieferant zuschlagen wollte, nicht mehr fern sein konnte.

Doch er hatte Glück, es waren nur noch zwei Stunden bis zur barbadorianischen Küste, zur Not würde er das Boot auch allein in die Nähe des Landes bringen können, wo Douglas Macleod auf ihn wartete. Dass der Schotte mit seinem Auftauchen rechnete, war für Modena eine klare Angelegenheit. Sicherlich hatte Dougie in der Zwischenzeit alles erfahren, sicher wusste er auch, ob Breithagen noch lebte oder ob er an den Folgen seiner Verwundung gestorben war.

Der Steuermann Ramirez kam herein und brachte zwei Becher heissen Kaffee. Mike Modena, der seine Hand in seiner Reisetasche vergraben hatte, sah das Aufblitzen in den Augen des Kapitäns und wollte die Magnum 44 herausreißen, als ihm der Steuermann den siedend heissen Kaffee auf die Brust schüttete und ihn gleichzeitig nach hinten stieß. Er hatte die Waffe bereits zwischen seinen Fingern, als ihm der Angreifer mit voller Wucht auf seine Hand trat. Mit einem kurzen Aufschrei ließ Modena die Waffe los, aber als der Steuermann sie aufheben wollte, trat er ihm mit dem Knie unter das Kinn, das krachend zu zersplittern schien. Modena sah den Mann fallen, sah die Hand des Kapitäns und das Messer darin, spürte wie dieses Messer sich in seinen linken Arm bohrte, konnte aber mit seiner freien rechten Hand den Kapitän bei seinen Haaren erwischen und zog mit aller Kraft daran. Der Kapitän wurde nach vorne gerissen und Modena, der noch immer das Messer in seinem linken Arm stecken hatte, begann ihn zu würgen. Mit nur einer Hand würgte er ihn so heftig, dass der Drogenschmuggler zu röcheln begann. Schnell stieß er ihn von sich und riss sich das Messer aus der heftig blutenden Wunde. Erbarmungslos trat er dem Kapitän gegen den Kehlkopf. Schweratmend beugte er sich über den Gefällten und stellte fest, dass er tot war.

Er griff nach seiner Waffe und drehte sich blitzschnell herum. Der mörderische Kampf hatte nur einige wenige Minuten gedauert, trotzdem war er gehört worden. Der Matrose, der mit schussbereitem Gewehr an der Kajütentür stand, erfasste die Lage sofort und richtete den Lauf auf Modena, während er zugleich um Hilfe rief. Beide Männer sahen sich an, beide hatten schussbereite Waffen, doch keiner wollte abdrücken, weil beide wussten, dass sie damit aller Wahrscheinlichkeit nach ihr eigenes Todesurteil unterschrieben hätten.

Schließlich verlor der Matrose die Nerven und drückte ab. Modena war schneller gewesen. Er hatte den Moment geahnt und sich zu Boden geworfen, sodass die Kugel des Seemannes gefahrlos an die Wand hinter Modena einschlug. Modenas Kugel aber hatte den Angreifer direkt in die Stirn getroffen. Modena riss sich hoch, lief über den Toten hinweg und hastete an Deck. Dem ihm entgegenlaufenden Mann schlug er mit der Pistole über den Kopf, dass er blutüberströmt zusammenbrach. Der Mann, der das Steuer bedient hatte, sah Modena herankommen und schrie: „Nicht schießen, nicht schießen, Señor!"

Modena stürzte zu ihm und befahl ihm das Steuer festzuzurren. Dann schlug er auch ihm die Pistole über den Scheitel und fesselte den Mann. Den zweiten von ihm außer Gefecht gesetzten Schmuggler fesselte er ebenso. Dann ging er in den Steuerraum, um sich einen Überblick zu verschaffen. Die Wunde am Oberarm schmerzte sehr stark. Im Erste-Hilfe-Koffer fand er eine Ampulle mit Jod, öffnete sie und goss sich die scharfe Flüssigkeit auf die klaffende Wunde. Er biss die Zähne zusammen und band sich ein Tuch um den verletzten Arm. Das Steuer war immer noch befestigt, das Schiff bewegte sich daher so, ohne vom Kurs abzuweichen.

Nach einer halben Stunde übernahm er selbst das Steuer. Er fühlte sich etwas wohler und sofort war ihm klar was er zu tun hatte. Kurz vor der Küste wird er das Steuer wieder fest machen, um dann mit einem der kleinen Rettungsboote an den nahe gelegenen Strand zu fahren. Der Rest war eine Kleinigkeit. Mike Modena hatte es geschafft. Er war dem Angriff der Drogenschmuggler entronnen und hatte sich ihrer entledigt.

## Die Reaktion des Arztes

Dr. Ibanez wusste über Tarek Breithagen Bescheid. Man hatte ermittelt, dass der Attentäter mit einem Komplizen zusammenarbeitete, dessen Aufgabe es gewesen war, eine alte Mauer in die Luft zu sprengen und so jenen Tumult auszulösen, den Breithagen brauchte, um seinen Anschlag ausführen zu können. Im Hotel „Embajador" waren diese beiden Männer fünf Wochen lang Gäste gewesen. Sie hatten sich als Journalisten ausgegeben, Breithagen als britischer Reporter namens Charles Pennington und sein Komplize, der als großer sportlicher blonder Amerikaner beschrieben wurde, als Bert Foster. Diese Decknamen hatten die beiden benutzt.

Die Polizei hatte all dies herausgefunden, trotzdem herrschte Nachrichtensperre. Es war der Wunsch Duvaliers gewesen, dass nichts über diesen Anschlag in die Öffentlichkeit dringen sollte. Selbstverständlich hatten die anwesenden Journalisten von dem Attentat auf den Diktator von Haiti berichtet, doch den Verwundeten, rund um die Uhr bewachten Attentäter zu interviewen, war niemand gestattet worden. Auch sein Prozess findet unter Ausschluss der Öffentlichkeit statt. Duvalier wollte es so und sein Nachbarland kam seinen Wünschen nach.

Eine Woche war vergangen seit Breithagen aus dem Koma erwacht war. Er fühlte sich bereits wesentlich stärker und unterhielt sich täglich mit Dr. Ibanez. In den ersten Tagen hatte er nur einige wenige Minuten mit ihm sprechen können, doch nun waren diese täglichen Gespräche privater Natur auf immerhin eine halbe Stunde angewachsen.

Auch Breithagen fühlte Vertrauen zu dem dominikanischen Arzt und erzählte ihm von den Schrecknissen auf Haiti, von den Mordpraktiken jenes Mannes, den er angeschossen hatte. Von allen anderen Dingen, von José Dolores, dem Sturm auf Fort Dimanche, von Mike Modena und Douglas Macleod erwähnte er natürlich nichts. „Ich weiß von allen diesen Dingen, Señor", begann Dr. Ibanez auf die Worte Breithagens zu antworten. „Doch kann man Böses nicht mit Bösem vergelten. Sie sehen ja in welche Lage Sie Ihr grenzenloser Hass auf Duvalier gebracht hat. Ach, ich wünschte, es gäbe keine Diktatoren auf dieser Welt und es gäbe keine Attentäter, die sich in den Kopf setzen, solche Herrscher zu töten. Ich habe verzweifelt um Ihr Leben gekämpft. In ein paar Wochen aber erwartet Sie Ihr Prozess und dann höchstwahrscheinlich der Strick. Sie sind doch ein gebildeter Mensch, Sie sprechen fließend Spanisch und sicher noch andere Sprachen. Warum konnten Sie nur so etwas tun? Warum werfen Sie Ihr Leben weg, indem Sie aussichtslose Attentate planen und ausführen?"

„Ganz so aussichtslos war es wohl nicht, Dr. Ibanez. Immerhin habe ich den Mörder erwischt. Welch teuflische Fügung des Schicksals ihm das Leben rettete, weiß ich nicht. Nur eines weiß ich; ich werde es wieder tun, immer wieder, und sollte ich irgendwie überleben, dann werde ich ein neues Attentat planen, das schwöre ich Ihnen."

„In Gottes Namen, haben Sie noch immer nicht genug? Was sind Sie nur für ein Mensch? Da habe ich Sie zusammengeflickt, Ihr Leben gerettet und Sie denken immer noch an Rache. Haben Sie nicht begriffen, dass Ihr Spiel aus ist. Sie werden niemals mehr irgendein Attentat durchführen können, Sie sind erledigt! Wenn Sie Glück haben bekommen Sie lebenslänglich und werden nicht nach Haiti ausgeliefert. Das ist das Beste was Ihnen passieren kann, verstehen Sie? Also hören Sie um Himmels Willen auf mit diesem Gewäsch. Mit den Polizisten sprechen Sie kein Wort, Sie verweigern die Aussage, mit der Begründung, Sie würden beim Prozess alles sagen und mir, mir erzählen Sie nichts von sich selbst, nicht einmal Ihren wahren Namen haben Sie mir gesagt. Sie sprechen nur von Ihrem Hass und dabei bin ich der einzige, der ..." Der Arzt hielt inne. „Ja Doktor?" „Der Einzige, der Sie zu verstehen versucht, der Einzige, der Ihre Tat begreifen will, verdammt!"

Der Arzt erhob sich und verließ hastig das Krankenzimmer. „Der Einzige auch, der unter Umständen bereit wäre Ihnen zu helfen", dachte er. Dr. Ibanez spielte mit dem Gedanken, dem Gefangenen nach Kräften beizustehen, ja ihm vielleicht sogar zur Flucht zu verhelfen. Doch er musste ganz sicher sein. Dass er sein Leben nicht für einen gefühlskalten Killer oder einen verrückten Fanatiker aufs Spiel setzt. Wenn er nur mehr über diesen Mann in Erfahrung bringen könnte! Doch der Gefangene war sehr schweigsam, obwohl Dr. Ibanez spürte, dass auch er dem Attentäter nicht unsympathisch war. Vielleicht würde er wirklich beim Prozess auspacken und alles erzählen, wer er war und woher er kam, was seine Motive gewesen waren.

Breithagen lag ruhig in seinem Bett und dachte an den freundlichen Arzt, der so großes Interesse an seiner Person bekundete. Aber konnte er ihm trauen? Was wenn er nur ein raffinierter Spitzel war? Wenn er nur dazu da war, um ihn auszuhorchen? Vielleicht wurden sie auch abgehört. Er lebte und nur das zählte. Noch gab er sich nicht auf. Mike Modena war entkommen, er hatte Mike und Dougie gerettet. Vielleicht bietet sich auch ihm eine Fluchtmöglichkeit. Breithagen ahnte nicht, dass der beste Fluchtweg, die sich ihm bot, in der Person des Arztes bestand, dem er noch nicht genug vertraute, um ihm seine Geschichte zu erzählen, gleichwie, er nicht ahnte, dass seine besten Freunde gar nicht daran dachten, ihn im Stich zu lassen, sondern sich bereits den Kopf zerbrachen, wie sie ihn befreien konnten.

## Macleod und Modena

Ohne große Schwierigkeiten war Mike Modena an Land gegangen, hatte sein Boot einfach am Strand zurückgelassen und war von der Morant Bay aus zum Haus von Douglas Macleod, das eigentlich Tarek Breithagen gehörte, gelangt. Der Schotte umarmte ihn und lauschte aufmerksam, als Modena das Attentat von seinem Standpunkt aus schilderte. Ein paar Mal lächelte er, aber als Modena zum Ende seiner Erzählung gekommen war verhärtete sich seine Miene. „Danke Mike. Schon als ich in den Medien nichts von Dir hörte, da war ich mir sicher, dass Du es schaffen wirst, dass Du Dich zu mir durchschlägst. Das wichtigste ist jetzt, dass Tarek noch lebt. Er ist überaus zäh und ich bin überzeugt, dass er die Verletzung überstehen wird. Leider sind die Nachrichten über das Befinden des Attentäters mehr als spärlich. Wahrscheinlich hat man eine Nachrichtensperre angeordnet. Duvalier ist auf jeden Fall wieder nach Port-au-Prince zurückgekehrt und ich weiß nicht, ob er seine Hauptstadt so schnell wieder verlassen wird. Es gilt nun herauszufinden, ob sie Tarek in Santo Domingo den Prozess machen werden oder nicht. Wenn nicht, wenn sie ihn nach Haiti bringen, dann haben wir kaum eine Chance ihn zu befreien. Wenigstens dann nicht, wenn er in Haiti ist. Wir müssten ihn also abfangen. Er darf erst gar nicht nach Haiti gelangen. Es wird sehr schwer werden, aber wir müssen und werden ‚den Baron' befreien, nicht wahr Mike?"

„Ja, Dougie, das werden wir tun. Wir haben noch etwas Zeit, denn ich glaube kaum, dass Tarek so bald transportfähig sein wird. Wir können alles genau planen, Dougie. Diesmal darf nichts schief gehen, es geht immerhin um das Leben von Tarek und auch um unser Leben."

„Mich kennt kein Mensch in Santo Domingo. Am besten ich mache mich gleich morgen auf den Weg, um die Lage zu erkunden. Es dürfte sehr schwer werden, an den „Baron" heranzukommen, aber ich werde es zumindest versuchen. Auf jeden Fall werde ich mir die Sicherheitsvorkehrungen genauestens anschauen. Wir müssen das Hospital in- und auswendig kennen und zwar in der relativ kurzen Zeit, die uns noch bleibt."

„Die beste Möglichkeit, Dougie, scheint mir der Wasserweg zu sein.

Auch ich bin ohne große Schwierigkeiten mit dem Schiff geflohen. Wenn wir Tarek befreit haben, bringen wir ihn so schnell wie möglich auf ein kleines Schiff und dampfen ab nach Barbados. Das könnte klappen, Dougie, das könnte klappen. Wir müssen nur schauen, wie wir ihn aus dem verdammten Spital herausbringen."

„Ja Mike, das scheint das Hauptproblem zu sein. Aber es wird am besten sein, Du ruhst Dich jetzt ein wenig aus. Du musst vollkommen zerschlagen sein, außerdem bist Du verwundet."

„Der Kratzer macht mir gar nichts, Dougie. Im Gegenteil ich bin am Überlegen, ob ich nicht mit Dir mitfliegen soll." Mike, das ist jetzt kein Söldnereinsatz mehr. Das heißt, dass Du mir auch nichts mehr zu befehlen hast. Ich muss allein fliegen, es wäre doch der reinste Wahnsinn, wenn Du schon wieder noch Santo Domingo zurückkehrst, wo Du doch gerade den Schergen des Gesetzes dort entflohen bist. Nein, ich werde allein fliegen. Mich kennt kein Mensch dort, ich war noch nie in diesem verdammten Land. Ich werde alles auskundschaften und die richtige Befreiungsaktion für Tarek Breithagen werden wir dann gemeinsam planen und ausführen, alright?"

Als Modena sich ins Bett gelegt hatte, versuchte er sich vorzustellen, wie sie alle drei, Tarek, Dougie und er gemeinsam Golf spielen, wie sie gemeinsam durch Stornoway gehen; doch bald war er eingeschlafen. Macleod aber bereitete sich seelisch auf seinen morgigen Flug nach Santo Domingo vor und fand kaum Schlaf. Für ihn war es selbstverständlich, dass er Breithagen befreit. Er war überzeugt, dass Breithagen an seiner Stelle genau dasselbe tun würde. Die Treue, die er Breithagen gegenüber empfand, war eine devotische, kaum mit Worten zu beschreibende Treue, die weit über den Tod hinaus geht.

## VIERTES BUCH

### Die Entführung von Dr. Ibanez

Der Gesundheitszustand von Tarek Breithagen besserte sich mit jedem Tag. Bereits nach zwei Wochen war er bereits wieder so weit, dass er kurze Spaziergänge unternehmen konnte. Er bekam bei diesen kleinen Gängen durch den Spitalstrakt, in dem er lag, den ersten Vorgeschmack davon, was es heißt Gefangener zu sein, oder mehr noch, als Terrorist, als Schwerverbrecher, als Staatsfeind angesehen zu werden. Stets wurde er von vier mit Maschinenpistolen bewaffneten Polizisten begleitet. Man bewachte ihn wie den Staatsschatz von Santo Domingo. Dr. Ibanez, der ihn meistens auf seinen Spaziergängen begleitete, musste über die übergroße Vorsicht, mit der der gefährliche „Verbrecher", der nicht einmal in der Lage war zu laufen, geschweige denn, einen seiner Aufpasser anzugreifen, innerlich auflachen.

Er hatte nun mehr von Breithagen erfahren. Breithagen hatte ihm vom Sturm auf Fort Dimanche erzählt, doch der Arzt konnte ihm nicht glauben. Zu ungeheuerlich erschien es ihm, was dieser Mann gewagt hatte, zu unglaublich war es für ihn, dass es jemandem gelungen war, Fort Dimanche erfolgreich zu überfallen.

Duvalier aber hatte bereits von der besonderen Sorgfalt erfahren, mit der der dominikanische Arzt seinen Patienten umhegte, jenen Patienten, den er mehr hasste als alles andere auf der Welt, weil er es gewagt hatte, ihn anzugreifen, weil er ihn ermorden wollte. Einige der Tonton-Macoutes waren ständig im Hospital und überwachten auch Dr. Ibanez, ohne dass dieser es bemerkt hätte. Duvalier hatte lange genug Geduld mit diesem Arzt gehabt. Jetzt war seine Gutmütigkeit erschöpft, wie es der schwarze Machthaber selbst ausdrückte. Er befahl deshalb, dass man den merkwürdigen Arzt, der mit Mördern paktierte und sie behandelte, als ob sie normale Kranke wären, als ob es sich bei ihnen um gewöhnliche Patienten handelte, ein wenig unter die Lupe nehmen sollte. Sollte Dr. Ibanez bei diesem Überprüfungsversuch, bei diesem Verhör durch seine Tonton-Macoutes zu Schaden kommen, sollte ihm etwas zustoßen, so hatte er sich dies selbst zuzuschreiben.

Douglas Macleod befand sich nun schon über eine Woche in Santo Domingo. Er beobachtete das Hospital täglich, sah aber keine Möglichkeit, irgendwie an Breithagen heranzukommen. Täglich telefonierte er mit Mike Modena, der ihn drängte, etwas zu unternehmen, doch in diesem Spital saß Breithagen, wie in dem sichersten Gefängnis der Welt. Der Schotte sah keine Möglichkeit, irgendeinen Befreiungsversuch zu starten. Vielleicht gelingt es ihm, ins Krankenhaus vorzudringen, doch wie sollte er an Breithagen herankommen, wie, auf welchem Weg, sollten sie das Krankenhaus wieder verlassen? Er beschloss also, eine andere Marschlinie einzuschlagen. Er hatte in Erfahrung gebracht, wer der behandelnde Arzt von Tarek Breithagen war. Es handelte sich um einen noch jungen fähigen Chefarzt, der Diego Ibanez hieß, soviel hatte er erfahren.

Es war auch nicht allzu schwer gewesen, die Privatadresse dieses Arztes herauszubekommen. Douglas Macleod beschloss, diesem Doktor einen Besuch abzustatten. Der Arzt wohnte in einem Appartmenthaus im eleganten Villenviertel der Dominikanischen Hauptstadt. Ohne große Schwierigkeiten drang Douglas Macleod in das Hochhaus ein, sagte dem Portier, er sei interessiert, hier ein Apartment zu erwerben und wolle sich nur ein wenig umsehen. Da einige Wohnungen leer standen, zeigte sich der Portier bereit, dem reichen Ausländer die leerstehenden Wohnungen zu zeigen. Der Zufall wollte es, dass Dr. Ibanez in Begleitung von drei pechschwarzen Herren an ihnen vorbeiging und der Portier ihn begrüßte. „Guten Abend, Dr. Ibanez! Haben Sie schon wieder Nachtdienst? Sie kommen in der letzten Zeit ja kaum noch zur Ruhe, was?" Der Arzt warf dem Portier ein gequältes Lächeln zu und zuckte mit den Schultern. Douglas Macleod erkannte sofort, dass hier etwas nicht stimmte. Die Männer mit den dunklen Brillen konnten nur Tonton-Macoutes sein. Zu genau und zu oft hatte er Beschreibungen von den gefürchteten Geheimpolizisten des haitianischen Diktators gehört. Blitzartig erkannte er die Sachlage. Der Arzt, der Tarek Breithagen behandelte, wurde entführt! Duvaliers Geheimpolizei war also auch hier am Werk.

Instinktiv zog er seine Waffe, die er im Schulterhalfter trug und rief den langsam die Treppe hinuntersteigenden Männern zu: „Hände hoch!" „Doch während die Polizisten sich umdrehten, warf sich Dr. Ibanez die Treppe hinunter. Die schwarzen Geheimpolizisten brachten ihre Pistolen nicht einmal in den Anschlag. Macleod erschoss sie alle drei, noch ehe sie ihre Waffen ziehen konnten. Nach der Reihe stürzten sie die Treppe hinunter. Der entsetzte Portier bekreuzigte sich. Gelassen ging Douglas Macleod die Treppe hinunter und hob den bewusstlosen Dr. Ibanez vom Boden auf. „Er ist bewusstlos, aber er lebt", schrie er dem langsam herunterkommenden Portier zu. „Rufen Sie die Polizei! Ich bringe ihn ins Krankenhaus." Schnell ging er hinaus und legte den immer noch ohnmächtigen Dr. Ibanez auf den Rücksitz seines Autos und fuhr los. Alles war so schnell abgelaufen, dass der Portier glaubte, es sei wohl ein Traum gewesen. Doch die drei toten Männer, die vor ihm lagen, holten ihn schnell in die Realität zurück. Er lief zum Telefon und verlangte mit zitternder Stimme die Polizei.

**Befreiunqspläne**

Als Dr. Ibanez erwachte, blickte er in das rotbärtige Gesicht eines großen Mannes. „Wo bin ich?" „Sie sind in meinem Apartment, Doktor. Man hatte Sie entführen wollen. Es waren Leute von den Tonton-Macoutes, der Geheimpolizei von Haitis Mörderdiktator Duvalier." „Ja, ich erinnere mich... der Sturz; irgendjemand hatte ‚Hände hoch' gerufen und ich ließ mich fallen..." „Das war ich, Doktor, ich habe die Leute, die Sie entführen wollten, erschossen." „Wer sind Sie?" „Hören Sie mir

genau zu, Doktor. Wer weiß wie lange wir noch Zeit haben. Der Portier Ihres Apartmenthauses dürfte die Polizei längst verständigt haben."
„Aber warum haben Sie mich nicht zur Polizei gebracht?", fragte Dr. Ibanez misstrauisch. „Doktor, wie schon gesagt, wir haben sehr wenig Zeit. Ich möchte Sie daher bitten, mich nicht mehr zu unterbrechen. Ich werde Ihnen alles genau erklären. Ich bin ein Freund des Mannes, der Ihr Patient ist und der das Attentat auf Duvalier verübt hat. Mein Name tut nichts zur Sache. Mir geht es darum, diesen Mann zu befreien".
„Aber..." „Unterbrechen Sie mich nicht, habe ich gesagt. Dieser Mann ist ein guter Freund, ein Mann, wie es nicht mehr viele gibt auf dieser schrecklichen Welt. Er ist kein Mörder, kein Killer, nein er ist nichts dergleichen, wenn Sie das auch gedacht haben mögen. Er ist vielmehr ein Held, der im Namen der zahllosen Toten die auf das Konto des schwarzen Mordbuben gehen, Rache üben wollte. Sie werden sich fragen, warum ich Ihnen das alles erzähle und warum ich Sie hierher gebracht habe. Nun, die Antwort ist ganz einfach. Ich brauche Sie, ich brauche Ihre Hilfe, wenn ich den Mann befreien soll. Doch eines möchte ich gleich jetzt feststellen: ich werde Ihnen jetzt die Geschichte dieses Mannes erzählen, oder vielmehr einen Teil seiner Geschichte. Dann haben Sie die Wahl; Sie können mit mir zusammen arbeiten, oder ich schicke Sie über den Jordan. Ich weiß nicht, ob Sie im Spanischen auch diesen Ausdruck verwenden. Das heißt, ich werde Sie töten. „Der Arzt wusste nicht recht, was er von dem Mann zu halten hatte, der seinem Akzent nach ein Engländer oder Amerikaner sein musste. Doch es interessierte ihn sehr, was ihm dieser Fremde über seinen Patienten über den er sich nun schon seit geraumer Zeit den Kopf zerbrach, zu berichten hatte. Deshalb sagte er: „Sprechen Sie, ich werde Ihnen zuhören."

Douglas Macleod erzählte dem aufmerksam lauschenden Doktor der Medizin von José Dolores, von dessen Leidensweg in Fort Dimanche, von Carmen Dolores, von ihrer Ermordung, vom Angriff auf Fort Dimanche, vom Tod von Rassen Khan und vom Schwur, den Tarek Breithagen getan hatte. „Verstehen Sie nun, Dr. Ibanez, was das für ein Mann ist? Warum er Duvalier töten wollte? Ach, ich wünschte zu Gott, es wäre ihm gelungen. Dieser Mörder hat den Tod tausendfach verdient. Verstehen Sie nun, warum ich diesen Mann befreien muss, warum ich alles tun werde, um ihn zu befreien?"

„Ja, ich glaube das tue ich, Señor. Außerdem scheint es klar auf der Hand zu liegen, dass Duvalier auch mich ausschalten wollte, wahrscheinlich deshalb, weil ich ihm zu freundlich mit dem Gefangenen umgegangen bin. Ja, ich kann Sie verstehen. Duvaliers Männer sitzen also auch hier in unserer Stadt. Ich verspreche Ihnen, dass ich Ihnen helfen werde, ich werde versuchen, Ihnen bei der Befreiung Ihres Freundes zu helfen."

„Sie wissen, dass Sie sich damit selbst in Gefahr begeben, nicht wahr, Doktor?" Der Arzt lachte spöttisch. „Bin ich das nicht schon? Duvaliers Männer hätten mich umgebracht und ich... – Sie wollten mich umbringen, falls ich Ihnen nicht helfe." „Vergessen Sie das, Doktor. Ich töte keinen Hilflosen. Ich werde Sie fesseln und mich dann aus dem Staub machen. Sie kennen mich ja nicht und Ihre Polizei wird mich nicht so leicht finden!"

„Das brauchen Sie nicht zu tun, Señor, denn ich werde Ihnen helfen. Der Gefangene hat mich von Anfang an besonders interessiert, ich habe nie so recht glauben können, dass er ein bezahlter Killer ist. Ich wusste, dass da etwas anderes dahinter steckt. Obwohl ich Sie nicht kenne, glaube ich Ihnen Ihre Geschichte, ja ich traue Ihnen. Außerdem hasse ich Duvalier. Er ist mir einfach widerlich. Aber es wird nicht so leicht sein, Ihren Freund zu befreien. Sein Prozess wird in zwei Wochen stattfinden. Und Sie müssen schleunigst von hier verschwinden. Ich werde der Polizei erklären, dass Sie ein Mann des amerikanischen Geheimdienstes waren, der zufällig dazu kam. Irgendeine Geschichte wird mir schon einfallen. Ich werde erzählen, dass die unbekannten Männer mich entführen wollten und Sie mir zu Hilfe kamen. In Ihrem Auto wachte ich dann auf und verlangte, abgesetzt zu werden. Sie ließen mich irgendwo in der Stadt aussteigen und fuhren weiter."

„Glauben Sie, dass man Ihnen das abnehmen wird?" „Oh, sie können gar nichts anderes tun, als mir das zu glauben. Der Portier war schließlich Zeuge der Schießerei. Duvalier wird natürlich leugnen, dass er die Toten kennt. Ich werde auch niemand erzählen, um wen es sich bei ihnen handelt. Trotzdem wird die Polizei das herausfinden. Haben Sie eine Adresse, wo ich Sie erreichen kann?"

Douglas Macleod gab ihm seine Adresse auf Barbados. „Ah Barbados, das ist gut. Dann fliegen Sie am besten mit der nächsten Maschine zurück. Niemand wird Sie aufhalten. Nach dem Prozess erhalten Sie Bescheid von mir. Dann werde ich wissen, wie man Ihren Freund am besten befreien kann. Und nun gehen Sie!" Macleod blickte Dr. Ibanez fest in die Augen und reichte ihm die Hand. „Ich vertraue Ihnen, Doktor. Aber wehe, Sie legen mich herein!" Macleod verließ das Zimmer und Doktor Ibanez dachte über alles nach. Ja, er würde dem Gefangenen helfen, er würde mithelfen ihn zu befreien!

**Der Prozess**

Zwei Wochen später war es soweit. Der Prozess von Tarek Breithagen hatte begonnen. Dr. Diego Ibanez hatte Breithagen von seiner Lebensrettung durch Douglas Macleod berichtet. „Der gute alte Dougie!" Ein Glücksgefühl durchströmte Tarek Breithagens Herz. Dougie und Mike! Zwei wahre Freunde, die alles daransetzten, ihn aus den Klauen der dominikanischen Justiz zu befreien. Er vertraute auch Dr. Ibanez, der als einer der wenigen Personen, die man als Zeugen geladen hatte, auch die Erlaubnis erhalten hatte, den Prozess mitzuverfolgen. Eigentlich war Dr. Ibanez kein Zeuge, er sollte vielmehr als medizinischer Gutachter fungieren und Zeugnis über Breithagens körperliche Konstitution ablegen.

Sofort nach Ausgang des Prozesses würde er Douglas Macleod und Mike Modena, die sich auf einer kleinen, der Dominikanischen Republik vorgelagerten Insel befanden, was sich nach der Meinung von Dr. Ibanez im Hinblick auf den Ausgang des Verfahrens von großem Vorteil erweisen sollte, benachrichtigen. Wie erwartet hatte der Staatschef von Haiti geleugnet jene Männer zu kennen, die den Anschlag auf Dr. Ibanez ausführten, der nur durch das prompte Eingreifen von Douglas Macleod verhindert worden war. Der Arzt hatte den Behörden erklärt, dass er in seiner Wohnung überfallen worden sei, dass ihn ein Unbekannter gerettet hatte, der ihn in die Nähe eines Krankenhauses brachte und dann davonfuhr. Wohl oder übel mussten sich die Behörden mit dieser Erklärung zufrieden geben.

Nun saß der wackere Arzt, der sich entschlossen hatte Tarek Breithagen zur Flucht zu verhelfen, im Gerichtssaal, in dem außer ihm nur noch ein paar Beobachter aus Haiti waren, die Richter und die Geschworenen, denn die Öffentlichkeit war von der Verhandlung gegen den Attentäter ausgeschlossen worden. Die Zeugen hatten ihre Aussagen bereits gemacht. Der Fall war ohnehin klar. Breithagen hatte ein Attentat auf den Staatspräsidenten von Haiti, den auf Lebenszeit ernannten Jean-Claude Duvalier, verübt. Es gab nichts zu leugnen. Der Staatsanwalt hatte sein Plädoyer bereits gehalten und die Todesstrafe gefordert. Die Geschworenen werden sich wahrscheinlich gar nicht erst zur Beratung zurückziehen, sondern ihren Schuldspruch unmittelbar im Anschluss an das Plädoyer des Verteidigers verkünden. Der Verteidiger aber war Tarek Breithagen selbst. Er hatte es abgelehnt, einen Verteidiger zu akzeptieren, denn der Ausgang der Verhandlung stand ja ohnehin fest. Doch der Richter erlaubte ihm, seine Gründe für sein Attentat, seine Motive geltend zu machen. Breithagen hatte bis jetzt kein Wort gesprochen. Er hatte die Fragen der Anklage nicht beantwortet. Nun aber erhob er sich auf Anordnung des Richters und hielt „sein Plädoyer".

„Euer Ehren, meine Damen und Herren der Geschworenen", begann er seine Rede in wohlklingendem Kastilianisch. Die Tatsache, dass der Angeklagte fließend Spanisch sprach, verblüffte manche der Geschworenen. „Ich stehe hier vor Gericht, weil ich mich für den Mordversuch am Staatschef von Haiti zu verantworten habe. Ich bekenne mich schuldig im Sinne der Anklage. Hören Sie mir dennoch zu. Ich bekenne mich schuldig im Sinne der Anklage, aber im Namen der Humanität, im Namen der Menschlichkeit bin ich unschuldig. Sie werden sich wundern, dass ein Mann, den Sie für einen kaltblütigen Mörder halten, Worte wie Menschlichkeit in den Mund nimmt. Ich sage es trotzdem; im Namen der Menschlichkeit, im Namen der Tausenden die in Haiti auf Anordnung des Staatschefs abgeschlachtet worden sind, habe ich meine Waffe auf Duvalier gerichtet und jederzeit würde ich es wieder tun. Die Geschichte Haitis, Euer Ehren, meine Damen und Herren von den Geschworenen, die ja eng mit der Geschichte Ihres Landes verknüpft ist, ist eine der blutrünstigsten Historien der Welt. Seit seiner Besetzung durch die Franzosen vor 200 Jahren ertrinkt dieses Land in einem Meer von Blut und Schuld. Ein Diktator gab dem anderen die Hand, Dessalines, Faustin und wie sie alle hießen. Das Volk musste stets zahlen, bluten und sterben. Es stimmt, dass die Geschichte schweigsam ist, trotzdem rufe ich sie hier zu meinem Bundesgenossen auf. Die Geschichte wird mich freisprechen und das ist mehr als Sie jemals tun könnten. Als der Vater des jetzigen Präsidenten François Duvalier, den die ganze Welt als „Papa Doc" kennt, im Jahre 1964 die Macht an sich riss, da ahnte das ausgeblutete Land nicht, dass jetzt die schwärzeste Zeit seiner Geschichte begonnen hatte. Duvalier Vater, wenn ich so nennen darf, brachte die totale Diktatur des Grauens nach Haiti. Der mörderische Arzt watete tagtäglich in einem Bach von Blut und meine Metapher kommt hier der Realität sehr nahe. Das Land Haiti ging mit Riesenschritten in die Vergangenheit zurück. Die Riten des Voodoo erlebten eine erschreckende Wiederbelebung, Baron Samedi saß auf dem Thron der Haitianer, der Cäsar von Haiti war ein Wahnsinniger Mörder, der den Tod als Partner hatte. Und heute herrscht der Sohn von Baron Samedi über Haiti, ja ich scheue mich nicht es zu sagen, Jean-Claude Duvalier ist ein Monster, wie sein Vater ein Monster gewesen war, ein Massenmörder, ein Mörderwurm, den man nur zertreten kann. Wie will die Welt den Toten von Fort Dimanche in die Augen sehen? Was sagen Sie, meine Damen und Herren Geschworenen zum furchtbaren Konzentrationslager des haitianischen Staatspräsidenten, der seine Mordgesellen um die Welt schickt, um Unschuldige zu liquidieren?"

Breithagen schwitzte. Er hatte sich in Wut geredet. Die Anstrengung drohte, zu viel für ihn zu werden. Ängstlich blickte Dr. Ibanez auf Tarek Breithagen hinunter. „Wenn er nur durchhält", dachte er. Er bewunderte ihn für diesen Auftritt, für den Mut, den dieser Mann im Angesicht des Todes an den Tag legte. Er wusste, dass jedes Wort, das Breithagen gesagt hatte, wahr war; er wusste aber auch, dass dieses großartige Plädoyer nichts am Ausgang der Verhandlung ändern wird, obwohl die Worte Breithagens auch die Geschworenen ergriffen.

„Sie wissen, dass man Böses nicht mit Bösem vergelten kann", fuhr Breithagen fort. „Meine Damen und Herren, ich kenne die Bibel vielleicht besser als mancher von Ihnen und doch wollte ich Duvalier töten und will ihn immer noch töten. Die Welt hat zwei Weltkriege überlebt, seit Anbeginn der Menschheit gab es Kriege auf dieser Welt, seit Anbeginn der Zeit gab es Mörder, doch die grausamsten wurden in diesem Jahrhundert geboren. Warum können die Menschen nicht in Frieden miteinander leben? Ich werde es Ihnen sagen, weil es Mörder, weil es Bestien wie Jean-Claude Duvalier auf dieser Erde gibt und immer gegeben hat. Doch diese Mörder erfuhren immer ein schreckliches Ende. Die Gerechtigkeit schläft nicht; und wenn mancher Mörder nicht in dieser Welt zur Rechenschaft gezogen wird, wenn mancher der gerechten Strafe entkommt, wie es „Papa Doc" tat, dann wird er in einer anderen Welt für seine Verbrechen büßen müssen.

Früher oder später wird jeder zahlen, auch Jean-Claude Duvalier, der furchtbarste Mörder unter der Karibischen Sonne, der eigentlich statt mir hier sitzen müsste, angeklagt von der Menschlichkeit, angeklagt von der Geschichte, angeklagt von Gott, nicht als hundertfacher, sondern als zehntausendfacher Mörder! Und nun urteilen Sie über mich, verurteilen Sie mich zum Tode. Ich fürchte den Tod nicht, denn ich weiß, dass auch der Morddiktator eines Tages sterben wird und er wird mit einer größeren Schuld in die Ewigkeit hinüber wandeln als ich es tue."

Vollkommen außer Atem setzte sich Breithagen und kämpfte gegen die aufkommende Übelkeit an. Betretenes Schweigen herrschte für eine lange Minute im Gerichtssaal. „Das Gericht zieht sich zur Beratung zurück", verkündete der Richter.

**Das Urteil**

Die Richter kehrten in den Verhandlungssaal zurück und der Hauptrichter wandte sich an den Sprecher der Geschworenen: „Haben Sie ein Urteil gefällt?" „Ja, Euer Ehren, wir haben ein Urteil gefällt". Der Beschuldigte hat sich im Sinne der Anklage selber für schuldig erklärt. Unser Urteil lautet deshalb: schuldig in allen Punkten der Anklage!"

Der Richter ordnete an, dass Breithagen sich erheben sollte und verkündete seinen Urteilsspruch. „Das Gericht hat sich einige Zeit mit Ihren Äußerungen beschäftigt, Angeklagter. Sie haben zwar in rhetorisch eindrucksvoller Weise einen beeindruckenden Vortrag gehalten, aber Sie scheinen das Wichtigste vergessen zu haben, Angeklagter, nämlich, dass wir hier nicht über den Staatspräsidenten von Haiti zu Gericht sitzen, sondern über Sie. Wer sind Sie, dass Sie sich anmaßen, hier Richter zu spielen, dass Sie als Europäer unsere Länder besser kennen wollen als wir selbst? Ihre eigene Geschichte, die Geschichte Europas ist doch ebenso voller Blut, Leid und Hass. Es ist die Ansicht des Gerichts, dass Sie ein gefährlicher Fanatiker sind, der gewissen Wahnvorstellungen obliegt, die ihm befehlen sich selbst zum Rächer aufzuspielen. Unsere Gesetze, und ich glaube hier global sprechen zu können, die Gesetze allgemein, sind nicht dazu da, dass man sie selbst in die Hand nimmt. Man muss den Staat als Gefüge respektieren, als Ganzes. Leute wie Sie, Angeklagter, tragen den Samen der Anarchie in sich. Sie sind eine Gefahr für die Allgemeinheit und jedes Gericht der Welt würde so urteilen wie es dieses Gericht tut. Es ist die Entscheidung des Gerichtes, den Angeklagten zu lebenslänglicher Haft auf der Internierungsinsel zu verurteilen, die allgemein als die Krokodilinsel bekannt ist. Da der Angeklagte den Tod nicht zu fürchten scheint, ist das Gericht der Ansicht, dass lebenslänglich eine härtere Strafe ist, speziell für einen Fanatiker, der sich sonst noch einbilden könnte als Held gestorben zu sein. Außerdem – und hier geben wir dem anwesenden obersten Richter von Haiti recht – ist das Verbrechen eines Mordversuchs an einem Staatschef ein Kriminalakt, wo die Todesstrafe einer Begnadigung gleichkommt. Wir geben unserem verehrten Amtskollegen aber nicht recht, dass der Angeklagte seine Strafe in der Republik Haiti verbüßen soll. Der Vorfall hat sich auf dem Hoheitsgebiet der Dominikanischen Republik ereignet und es liegt deshalb an uns, ihn wie geschildert zu ahnden. Die Verhandlung ist beendet."

Dr. Ibanez verließ den Gerichtssaal und dachte an die Krokodilinsel, die als das ausbruchssicherste Gefängnis der Dominikanischen Republik galt. „Immerhin eine kleine Chance, immerhin noch besser als wenn er nach Haiti ausgeliefert worden wäre. Ich muss Macleod verständigen. Ihr Aufenthaltsort auf Barbados ist ja jetzt geradezu ideal, denn die Krokodilinsel liegt nicht allzu weit von jener Insel entfernt, wo sich die beiden Freunde von Breithagen aufhalten".

Der Arzt wusste, dass die einzige Möglichkeit Tarek Breithagen von der Krokodilinsel zu befreien auf dem Wasserweg war. Sie mussten abwarten bis Breithagen dort war, dann wird alles geplant und erkundet, um dann unerwartet zuzuschlagen. In seiner Wohnung angelangt, wählte er schnell die Nummer, unter der er Macleod erreichen konnte und wartete ungeduldig darauf, dass sich jemand meldete.

## Gefangener auf der Krokodilinsel

Die Krokodilinsel ist eine kleine, nur etwa 15 km² große Insel, die deshalb so heißt, weil sich wirklich Krokodile an einem Strand der Insel sammeln und man nie wusste, wann und wo und an welchem Inselabschnitt die Reptilien anzutreffen waren.

Immer wieder hatten Gefangene versucht mit einem Sprung in die Fluten von der Insel zu fliehen, waren aber immer von den menschenfressenden Reptilien verspeist worden. Jedenfalls hatte man das Tarek Breithagen am Tage seiner Einlieferung erklärt. Auf der Krokodilinsel saßen etwa 200 Schwerverbrecher ein. Sie alle hatten lebenslängliche Haftstrafen zu verbüßen. Für sie alle war die Krokodilinsel ihr letztes Domizil. Der Gefängnisdirektor hatte den Neuankömmlingen auch erklärt, dass es noch nie einem Gefangenen gelungen war, die Krokodilinsel lebend zu verlassen.

Die Zelle, in der Tarek Breithagen sich befand war ein armseliges Loch, das kaum Platz für die Pritsche bot. Ein Loch im Boden diente als Kloersatz. Er saß im untersten Trakt und das Loch führte wahrscheinlich in die große Kläranlage des Gefängnisses. Tarek Breithagen sah sich um Jahrhunderte zurückversetzt. In einem solchen Loch mochte wohl Cervantes geschmachtet haben, als er in die Hände der Türken fiel. Ein Lebenslänglich auf der Krokodilinsel war tatsächlich härter als ein Todesurteil. Doch Breithagen hatte sich noch nicht aufgegeben. Allmählich kam er wieder zu Kräften, obwohl die spärlichen Mahlzeiten, die die Gefangenen erhielten, kaum genießbar waren. Zweimal in der Woche durften die Gefangenen auf den Gefängnishof. Heute war es wieder soweit. Drei Wochen saß Breithagen nun schon auf der Gefängnisinsel. Er spürte zwar immer noch leichte Schmerzen in der Bauchgegend, wenn er sich schnell bewegte, ansonsten aber schien er wieder vollkommen hergestellt zu sein. Seine zähe Natur hatte den Tod besiegt. Zum ersten Mal erlebte er, was es hieß Gefangener in einem karibischen Land zu sein. Die Zeit war hier stehengeblieben. Die Aufseher waren von der übelsten Sorte. Die meisten von ihnen standen den hier einsitzenden Verbrechern um nichts nach. Er war allein in seiner Zelle und versuchte alles, um nicht dem Wahnsinn zu verfallen. Denn diese Einsamkeit, der enge, kleine Raum, das alles war nervenaufreibend, das alles nagte an seinem Verstand. Er spazierte in der winzigen Zelle umher, er rezidierte Gedichte und er freute sich wie ein kleines Kind auf die Tage, wo er für einige Stunden in den Gefängnishof durfte. Er wusste, er musste durchhalten, seine Stunde würde kommen, man würde versuchen, ihn zu befreien. Mit Hilfe von Dr. Ibanez wird Mike Modena und Dougie Macleod ihn irgendwie hier herausholen.

Das Gefühl, dass es jemand gab, der an seiner Befreiung arbeitete, gab ihm enormen Auftrieb, ließ ihn die Schikanen der brutalen Wärter ertragen. Das Gefühl, dass er Freunde wie Mike und Dougie besaß, außergewöhnliche Männer, die alles tun würden, um ihn zu befreien, gab ihm Durchhaltevermögen.

Im Gefängnishof blickte Breithagen auf einige seiner Mithäftlinge. Es waren durchwegs Männer, die den Tod verdient hatten, die zu Recht hier saßen: Mörder, Lustverbrecher, Kriminelle der untersten Kategorie. Schwarze, Weiße, ja sogar Chinesen befanden sich unter den Gefangenen. Es kamen nur hoffnungslose Fälle auf die Krokodilinsel und auf der Krokodilinsel kannte man keinen Unterschied zwischen politischen Häftlingen und anderen Gefangenen. Hier waren alle gleich. Alle waren gleich rechtlos. Alle büßten für ihre Verbrechen, alle waren sie verdammt, ein menschenunwürdiges Dasein zu führen, dahinzuvegetieren, bis sie ein gnädiger Gott erlöste, bis der Tod ihrem kreaturhaften Leben ein Ende setzte.

Dankbar blickte Breithagen zur Sonne auf, dankbar schien er ihre Strahlen einzusaugen, denn drinnen in seiner Zelle wartete die ewige Dunkelheit auf ihn. Selbst bei Tag war das Licht sehr spärlich und ab sechs Uhr abends wurde es überhaupt abgeschaltet. In einem mittelalterlichen Verließ hätte es nicht schlimmer sein können.

Böse starrten die meisten Gefangenen vor sich hin, hingen ihren düsteren Gedanken nach, die so düster wie die unheimliche Krokodilinsel selbst waren. Hier ging nie ein sanfter Wind, hier hörte man nie ein Lachen, hier war die Endstation der Gestrauchelten, der Verfluchten, hier darbte der Abschaum der Menschheit. Die Krokodilinsel war zu ihrem Schicksal geworden und ergriff Besitz von ihnen. Jeder Tag verlief mit der gleichen abtötenden Monotonie. Die älteren Insassen hatten längst jeden Zeitbegriff verloren und auch Breithagen fiel es schwer, den Zeitablauf zu registrieren, denn was war schon Zeit, was war schon ein Tag, eine Woche, wenn man auf der Krokodilinsel saß und ein Leben lang Zeit hatte, über sein Leben und seine Verbrechen nachzudenken?

**Nachricht von der Außenwelt**

Mit flinken, geübten Fingern führte Dr. Ibanez die Untersuchung an Tarek Breithagen durch. Breithagen wusste, dass dieser Besuch der letzten Visite gleichkam, die Dr. Ibanez auf der Krokodilinsel vornehmen konnte. Dieser Besuch war also die letzte Gelegenheit, Kontakt mit der Außenwelt aufzunehmen. Breithagen wunderte sich daher, dass sich der Arzt vorerst in Schweigen hüllte. „Sie können sich anziehen. Sie sind wieder vollkommen gesund. Sie werden zwar noch ab und zu Schmerzen verspüren, aber ich kann nichts mehr für Sie tun." Breithagen glaubte, einen Ausdruck des Bedauerns in den dunklen, ruhigen Augen des Arztes erkennen zu können.

„Nehmen Sie noch diese Tabletten hier", sagte Dr. Ibanez. „Sie werden Ihre Schmerzen lindern. Am besten nehmen Sie gleich zwei." Mit diesen Worten drückte ihm der Arzt die kleine Packung in die Hand. Dann verabschiedete er sich schnell und grußlos. Noch ehe der Wärter hereinkam öffnete Breithagen die kleine Schachtel und sah gleich den eng zusammengewickelten Zettel, der sich darin befand. Deshalb also hatte der Arzt sich so merkwürdig verhalten. Sie mussten beobachtet worden sein. Breithagen nahm schnell das Papier heraus und nahm es in den Mund. Der Wächter sah nur kurz auf die Tablettenpackung, prüfte sie und führte Breithagen zurück in seine Zelle.

Er spuckte die Tablette, die er gleichzeitig mit dem Zettel in den Mund genommen hatte aus und las schnell die wenigen Worte, die auf dem Zettel, den Dr. Ibanez ihm auf diese ungewöhnliche Weise zukommen ließ. „Wir werden beobachtet. Es ist alles vorbereitet. Am nächsten Freitag werde ich nochmals hier auftauchen. Das Fenster des Arztzimmers wird geöffnet sein. Douglas Macleod und Mike Modena werden mit einem kleinen Schnellboot unter diesem Fenster warten. Sie brauchen dann nur zu springen. Ich werde Sie decken. Kopf hoch! Der Tag der Befreiung naht! Bis Freitag!"

Tarek Breithagen überlegte. Freitag! In drei Tagen also wird es soweit sein. Dr. Ibanez hatte sehr viel gewagt und er wagte noch mehr, um ihn zu befreien. Er konnte sich nicht erklären, wie diese Befreiungsaktion vonstatten gehen soll. Zwar war das Fenster im Arzt- oder eigentlich Untersuchungszimmer, wie es auf der Krokodilinsel hieß, nicht vergittert, doch das Fenster war relativ klein und Breithagen schätzte die steil abfallende Entfernung zum Meer auf etwa 90 Meter. Der Sprung wird also sicher lebensgefährlich sein. Außerdem musste er furchtbar aufpassen, nicht an den Klippen aufzuschlagen. Und werden Dougie und Mike zur rechten Zeit dort unten sein?

Trotzdem wusste Breithagen, dass er diesen Sprung wagen musste, dass dieser Verzweiflungssprung wahrscheinlich seine letzte, seine allerletzte Chance sein wird, von dieser Teufelsinsel wegzukommen. Selbst wenn er zu Tode kam, hätte er ein besseres Schicksal, als hier dahinzuvegetieren und jeden Tag dem Wahnsinn in die Arme zu laufen, als jeden Tag die tödliche Monotonie des lebenslänglich Gefangenen über sich ergehen zu lassen.

## Die Revolte

Ein ohrenbetäubender Knall ließ Tarek Breithagen aus seinem leichten Schlaf erwachen. Er erkannte sofort, was passiert war. Schüsse, Schreie und lautes Fluchen war im Gang vernehmbar und drang in seine Zelle herein. Irgendwie mussten die Häftlinge zu Waffen gelangt sein und nun war eine regelrechte Revolte im Gange. Breithagen hörte wie sich der Schlüssel im Schloss seiner Zellentür umdrehte, die bald darauf krachend aufsprang. Vor ihm stand ein riesiger Neger, dessen Gestalt die gesamte Tür ausfüllte. „Komm raus Bursche!", sagte der Häftling. „Wir haben Waffen, wir werden es den Hunden zeigen!"

Widerwillig erhob sich Breithagen und versuchte, seine Augen an das grelle Licht, das ihn vor der Zelle erwartete, zu gewöhnen. Zusammen mit seinem Befreier stieg er die Stufen zum inneren Gefängnishof hinauf, wo überall Leichen herum lagen. Offensichtlich waren einige der Häftlinge in das Munitionsdepot gelangt, hatten sich dort mit Waffen versorgt, die Wächter niedergemacht und ihre Kameraden ebenfalls mit Waffen ausgestattet. Der gesamte innere Gefängnishof war in der Hand der Rebellen.

Breithagen erfuhr, dass man fünf der Wärter lebend gefangen hatte und man plante, sie als Geiseln zu benutzen. Breithagen sah die wundgeschlagenen Wärter, die stets mit der brutalen Wildheit eines Tieres gegen die Häftlinge vorgegangen waren. Unerwartet bekamen sie nun ihre Rechnung dafür präsentiert. Die Häftlinge kannten keine Gnade mit ihnen. Sollte sich die Gefängnisleitung weigern, auf die Forderungen der Aufständischen einzugehen, so werden diese ihre Geiseln gnadenlos erschießen.

Breithagen wusste, was dieser unerwartete Aufstand und verdammte Ausbruch für ihn und seine Fluchtpläne bedeutete. Dr. Ibanez war es nun unmöglich, ins Gefängnis zu gelangen. Doch lag nicht auch das Untersuchungszimmer in der Hand der Gefangenen? Falls Mike Modena und Dougie Macleod tatsächlich im Laufe des Tages in der Bucht auftauchten, hatte er noch eine geringe Chance.

Auf jeden Fall musste die Rebellion diesen Tag oder wenigstens den Vormittag überdauern. Breithagen nahm einen der schweren Karabiner zur Hand, die ein Gefangener bereitwillig an seine Mithäftlinge austeilte. Ohne dass man ihm viel Beachtung geschenkt hätte, lief er in das Untersuchungszimmer und trat an das kleine, unvergitterte Fenster. Er öffnete es und starrte hinaus in die dunkle Karibiknacht, während draußen im Gefängnishof der Lärm immer lauter wurde. Jetzt konnte er den Sprung nicht wagen. Es war zu dunkel, sein Körper würde aller Wahrscheinlichkeit nach an den Klippen zerschellen.

Mittlerweile hatten die Rädelsführer Verbindung zur Gefängnisleitung aufgenommen. Deutlich konnte Breithagen die Stimme des Gefängnisdirektors durch den kleinen Lautsprecher, der sich im Untersuchungszimmer befand, hören. „Ihr habt keine Chance! Verstärkung ist bereits unterwegs. Lasst uns Blutvergießen vermeiden! Gebt die Gefangenen heraus, gebt die Wärter frei und ergebt euch! Ich wiederhole: ergebt euch! Ihr habt keine Chance. Wir warten 15 Minuten, dann gebe ich den Befehl die Gebäude zu stürmen!"

Breithagen wusste, dass man die Lebenslänglichen der Krokodilinsel nicht mit solchen Drohgebärden einschüchtern konnte. Sie würden kämpfen bis zur letzten Patrone, denn sie hatten nichts mehr zu verlieren, nichts mehr außer ihrem Leben, das für die meisten von ihnen ohnehin längst jegliche Bedeutung verloren hatte. Bald darauf brach eine wilde Schießerei los. Die Häftlinge hatten sich allerdings sehr gut postiert und hielten das große Tor ständig unter Feuer, sodass der erste Angriffsversuch des Wachpersonals kläglich scheiterte. Eine halbe Stunde lang herrschte nun schon Ruhe. Die Männer um den Gefängnisdirektor mussten sich wohl etwas neues einfallen lassen. Breithagen blickte erneut aus dem kleinen Fenster und betete, dass es bald hell wird.

Der Morgen begann zu grauen, aber es wird wohl noch eine gute Stunde dauern, bis die Sichtverhältnisse einen Verzweiflungssprung in die Tiefe zuließen. Dichter Nebel hüllte in Sekunden schnelle den Gefängnishof ein, als Tränengasgranaten hereingeschossen wurden. Breithagen verschloss die Tür zum Untersuchungszimmer. Es konnte nicht mehr lange dauern. Die Revolte würde bald ihr blutiges Ende erreichen. Im Schutz des Tränengasnebels drangen die Wächter, mit Gasmasken und Maschinenpistolen ausgerüstet langsam in den Innenhof ein und schossen wahllos umher. Die Mündungsblitze verrieten den Standort der Häftlinge wie auch den der Angreifer. Laute Todesschreie verkündeten, dass die Kugeln auch im künstlichen Nebel ihr Ziel fanden.

Breithagen zögerte nicht länger. Er kletterte durch das enge Fenster und blieb schweratmend auf dem relativ breiten Fenstersims stehen. Ganz leise konnte er das Rauschen der See weit unter sich vernehmen. Die Sicht war immer noch sehr schlecht. Schemenhaft glaubte er, die Felsen erkennen zu können. Breithagen hatte keine Wahl. Der Kampflärm übertönte seinen lauten Schrei, den er unwillkürlich ausstieß, als er sich vom Sims abstemmte und in die ungewisse, dunkle Tiefe sprang.

## Die Rettung

Breithagen spürte den Aufschlag auf dem niemals sehr kalten Wasser des karibischen Ozeans. Tief tauchte er unter, seine Lungen schienen zu zerplatzen, doch der Lebenswille in ihm ließ ihn nicht der Versuchung nachgeben, einfach weiter hinunterzusinken, einfach alles zu vergessen und einen raschen Tod zu suchen. „Du musst durchhalten! Du musst nach oben!", hämmerte es in seinem Kopf. Noch während diese Gedanken durch sein Hirn rasten, bewegte er sich bereits nach oben und schwamm mit kräftigen Zügen an die Wasseroberfläche. Das Meer war ruhig und er holte tief Luft und ließ sich einige Minuten lang auf dem Rücken treiben. Es war schon fast hell, aber es konnte noch Stunden dauern, bis er auf das Boot von Dougie und Mike Modena stieß.

Er wusste, dass man vorerst nicht nach ihm suchte. Es war auch gar nicht klar, ob die Rebellion bereits endgültig beendet war. Er hatte den halsbrecherischen Sprung überstanden, er lebte und nur dieser Umstand allein zählte. Er begann zu schwimmen, mit langsamen aber kräftigen Zügen schwamm er in den jungen Tag hinein. Er wusste nicht wie lange er so dahingeschwommen sein mochte – es konnte sich um eine, zwei oder aber auch um drei Stunden handeln – als er ein weißes Motorboot auf sich zukommen sah.

Laut rief er um Hilfe. Es war belanglos, wer ihm da entgegenfuhr, selbst wenn es sich um Feinde handelte, würden sie ihn an Bord nehmen. Er fühlte, dass seine Kräfte bald erlahmten und wieder schrie er auf. Da erkannte er in dem schnell näherkommenden Boot die hochgewachsene Gestalt des Schotten Douglas Macleod, der wohl auch ihn erkannt hatte und wild herumgestikulierte. Das Geräusch sich schnell spaltender Wellen sagte Breithagen, dass sich irgendein Meerestier auf ihn zubewegte. Sollte es ein Krokodil sein? Soweit draußen in der offenen See? War das möglich? Trotz dieser Überlegungen, die ihm in Sekunden schnelle durch den Kopf gingen, nahm Breithagen alle Kraft zusammen und schwamm so schnell er konnte auf das Boot zu, von dem ihn nur noch wenige Meter trennten.

Ein lautes Klatschen verkündete, dass jemand ins Wasser gesprungen war und ihm entgegenkam. Die darauffolgenden Ereignisse überstürzten sich. Douglas Macleod schwamm an ihm vorbei mit einem Messer zwischen den Zähnen. Er fühlte wie zwei starke Arme ihn hochrissen und an Bord zogen. Mike Modena legte ihn nieder und griff blitzschnell zur Harpune um seinem Freund zu helfen.

Instinktiv erfasste er was passiert war: er war von einem Krokodil angegriffen worden und Dougie kämpfte nun mit diesem Reptil. Verzweifelt riss sich Breithagen hoch und blickte über den Rand des Bootes. Er sah wie der Schwanz eines riesigen Krokodil sich hochbäumte, aus der Wasseroberfläche ragte und wieder untertauchte und er sah die große Blutlache, die sich langsam auf dem Wasser ausbreitete.

Bald darauf tauchte der Kopf des Schotten aus den Fluten auf. Er hörte noch wie Douglas Macleod jenen uralten schottischen Kampfruf ausstieß, den er so gut kannte, dann sank er zurück und fiel in Ohnmacht.

**Der Duft der Freiheit**

Als Breithagen erwachte, blickte er in das grinsende, breitflächige Gesicht von Dougie Macleod. Langsam hob er seinen Kopf und sagte: „Dougie? Kann es sein? Bin ich frei?" „Und ob Du frei bist, Baron, was Dougie?" „Sorr, Sie sind hier so sicher wie im West End Hotel in Edinburgh!" „Sorr!"' Wie lange hatte Breithagen dieses Wort nicht mehr gehört! Wie sehr liebte er diese Antwort auf einen Befehl, die ihm wie ein Kosename erschien. Wie sehr liebte er das harte Englisch des Schotten, der ihm erneut das Leben gerettet hatte. Er setzte sich auf und atmete die salzige Luft der See ein, der für ihn der Duft der Freiheit war. Das Meer war stahlblau, die Karibiksonne stieg zu ihrem höchsten Punkt empor; es war ein herrlicher Tag und er war frei. Frei! Er konnte es fast nicht fassen. Hier saß er neben seinem Freund Dougie und die schrecklichen Tage auf der Krokodilinsel lagen hinter ihm, die Tage des Leides waren vorbei.

„Freunde, ich danke euch!" „Sorr, Sie haben doch nicht geglaubt, wir werden Sie im Stich lassen. So leicht hält uns niemand auf, Sorr. Das wissen Sie doch. Im Vergleich zu Katanja ist das hier doch nichts weiter als ein netter kleiner Seeausflug, nicht wahr. Der Schotte zog seine Pfeife aus der Tasche und reichte auch Breithagen eine Pfeife, eine ungewöhnliche Meerschaumpfeife, mit geschnitztem Löwenkopf. „Dougie, um Himmels Willen, wo hast Du denn meine alte Pfeife her?" „Sie haben Sie damals bei meiner Schwester gelassen Sorr. Und ich dachte mir, dass sich wohl auch in diesen Breiten die Gelegenheit finden wird, sich einer Pfeife zu erfreuen. Deshalb hab ich sie mitgebracht, bevor ich erneut nach Barbados kam." „Ach Dougie!" „Sorr!"'

„Dougie, übernimm Du kurz das Ruder. Ich möchte mit Tarek sprechen." „Ja Mike. Bin schon unterwegs!"

Mike Modena kam aus dem Ruderhaus und ging auf Breithagen zu. „Die Rebellion von der Du erzählt hast, Tarek, wirkt sich vielleicht noch günstiger für unsere Pläne aus. Wahrscheinlich vermisst man Dich nicht einmal. Wir nehmen jetzt Kurs auf die Insel Catalina. Von dort aus werden wir in die Stadt La Romana gelangen, wo wir ein Zimmer mieten werden. Dein Freund, Dr. Ibanez, ist ein wahrer Teufelskerl. Er hat einen Hubschrauber für uns aufgetrieben. Wie er ihn organisiert hat, weiß ich nicht. Aber er ist flugtauglich. Ich habe ihn selbst inspiziert. Er befindet sich auf einem abgelegenen, nicht mehr benutzten ehemaligen Militärflughafen, etwas abseits vom regulären Zivilflughafen von La Romana. Wir haben genügend Sprit, um nach Barbados zu gelangen, alter Freund. Sorge Dich nicht, wir sind schon so gut wie daheim." „Aber, was wird aus Dr. Ibanez? Er hätte mich doch heute aufsuchen sollen." „Ich bin sicher, Tarek, dass auf ihn kein Verdacht fallen wird. Dazu war er zu vorsichtig. Er wird sich schon irgendwie herausmanövrieren, falls man ihm unangenehme Fragen stellt, davon bin ich überzeugt."

Während sich das kleine Boot schnell seinen Weg durch die Wellen bahnte und sich auf seinem vorgeschriebenen Kurs auf die Insel Catalina befand, musste Tarek Breithagen an Dr. Ibanez denken und hoffte, dass auch er sich in Sicherheit befand.

**Tödliches Verhör**

Dr. Diego Ibanez versuchte, das linke Auge zu öffnen, doch es gelang ihm nicht. Es hatte sich bereits geschlossen. Er wusste, dass er den Schlägen seiner Bewacher nicht mehr viel entgegenzusetzen hatte. Als er auf der Krokodilinsel auftauchte, erwartete man ihn bereits. Man hatte den Leichnam von Tarek Breithagen nicht gefunden, wohl aber das offene Fenster im Untersuchungsraum. Es konnte natürlich sein, dass sich Breithagen zu Tode gestürzt hatte, aber sollte er entkommen sein, sollte er Komplizen gehabt haben, so könnte Dr. Ibanez Auskunft darüber geben. Zwei Männer der haitianischen Geheimpolizei hatten den Arzt in Empfang genommen, als er von der Krokodilinsel zurückkehrte.

Unvorsichtigerweise hatte der Arzt seiner Frau von dem Vorhaben erzählt, Breithagen befreien zu wollen. Dr. Ibanez war zwar geschieden, doch er traf sich ab und zu mit seiner ehemaligen Frau, zu der er immer noch freundschaftliche Kontakte pflegte. Dass ihn seine Exfrau verraten könnte, hatte er nie in Betracht gezogen. Trotzdem war es so gekommen. Davon, dass man seiner Frau erklärt hatte, ihrem ehemaligen Mann werde nichts geschehen, wenn sie Angaben über die Flucht auf der Krokodilinsel gab, wusste er nichts.

Dieselben zwei Männer der Tonton-Macoutes, die schon die Frau von Dr. Ibanez zum Reden gebracht hatten, hatten den dominikanischen Arzt nun schon eine Stunde lang verhört. Der Arzt war kein besonders tapferer Mann und obwohl er bis jetzt geschwiegen hatte, wusste er, dass er die Schmerzen nicht mehr lange ertragen konnte. Als man ihn erneut hochriss und auf ihn einschlug, begann er zu sprechen. Er sprach von der geplanten Rettungsaktion, von den beiden Freunden Breithagens und verschwieg auch seine Rolle bei dem Unternehmen nicht. Der Verhörexperte aus Haiti riss den Arzt an den Haaren hoch und schrie: „Wohin wollen Sie? Wohin wollen Sie den Attentäter bringen? Sprich, du Hund!"

„Auf die Insel Catalina", stammelte der schwer gefolterte Arzt. „Dort steht etwas außerhalb der Stadt La Romana ein Hubschrauber. Mit dem wollen sie die Dominikanische Republik verlassen." Schweratmend hielt Dr. Ibanez inne. „Darf ich jetzt gehen, bitte?" „Aber sicher." Der große, dicke Mann öffnete das Fenster. Angsterfüllt starrte Dr. Ibanez auf ihn, als er auf ihn zukam. Er sah das offene Fenster, er wusste, dass sie sich im fünften Stock befanden, er ahnte was ihm bevorstand, doch er war zu schwach sich zu wehren. Der kräftige Schwarze packte den hilflosen Arzt, zerrte ihn zum Fenster und stürzte ihn hinunter. „Beim Fluchtversuch ums Leben gekommen", lachte er seinem Kollegen zu.

Die beiden Haitianer verließen das Zimmer und gaben bald darauf in Santo Domingo Bescheid. Der Mann in der haitianischen Botschaft wusste, was er zu tun hatte. Er meldete die neue Entwicklung in Bezug auf den Attentäter weiter nach Port-au-Prince. Schon bald kam die Antwort zurück. Der vermeintliche Aufenthaltsort der Staatsfeinde sei vor den dominikanischen Behörden geheim zu halten. Duvalier würde eine Elitetruppe nach La Romana entsenden. Der Attentäter und seine Freunde waren schon so gut wie tot.

## Catalina

Ohne Schwierigkeiten waren Breithagen, Modena und Macleod bis zur kleinen, der Stadt La Romana vorgelagerten Insel, die die Dominikaner Isla Catalina nennen, gelangt. Breithagen trug nun ein buntes Hemd zu einer weißen Hose, genau wie seine beiden Freunde. Sie wirkten wie harmlose amerikanische Touristen, die die reizvolle Umgebung schon vor einigen Jahren entdeckt hatten. Die Küstengewässer um La

Romana boten die besten Voraussetzungen für Schwimmer, Segler und Hochseeangler.

Die Hafenstadt La Romana an der Südküste der Insel Hispaniola lag rund 120 km östlich von Santo Domingo. Breithagen war überzeugt, dass niemand von ihrem Ziel wissen konnte. Selbst wenn man sein Verschwinden entdeckt hatte, konnten die Männer von der Krokodilinsel doch nicht wissen, dass ihn das Boot von Mike und Dougie aufgenommen hatte. Breithagen ahnte nicht, dass ihm weit schlimmere Verfolger, als es die dominikanischen Sicherheitsorgane waren, nämlich eine Spezialbrigade von Duvaliers Tonton-Macoutes, bereits auf den Fersen waren, wie er auch nicht ahnte, dass Dr. Diego Ibanez tot war, ermordet worden war, und ihren Zufluchtsort preisgegeben hatte.

Sie legten an und fuhren mit einem Taxi zum Hotel Casa de Campo. Dort hielten sie sich jedoch nur kurz auf. Mit einem Mietwagen gelangten sie in eine malerische Bucht, östlich von La Romana. Durch weite Zuckerrohrplantagen zog sich die einfache Straße zum Laguna Beach Strand hin, wo sie wieder halt machten. In der hier liegenden Feriensiedlung nahmen sie sich einen großen Bungalow. Hier wollten sie die Nacht verbringen. Am nächsten Morgen werden sie zum vorbereiteten Hubschrauber in der Nähe des Flughafens von La Romana vorstoßen. Die Freiheit wartete auf Breithagen und seine Freunde, doch der Tod saß dieser Freiheit bereits tief im Nacken; oftmals hatte ihm die Freiheit eine böse Niederlage zugefügt, diesmal sollte er unnachgiebig sein.

**Die Spezialbrigade**

Die Männer der Spezialbrigade der Tonton-Macoutes, 30 ausgesuchte Männer, auch Teufelsbrigade genannt, wurden von Major Henry Latour kommandiert. Latour war ein persönlicher Freund „Baby Docs", ein Mulatte, der in Paris studiert hatte und einen überaus hohen Intelligenzquotienten besaß. Warum dieser kluge Mann sich dem Duvalierclan angeschlossen hatte, war unklar. Er stammte aus gutem Hause, doch im Gegensatz zu vielen Repräsentanten der mulattischen Oberschicht Haitis war seine Familie nicht ins Exil gegangen, sondern hatte sich mit Papa Doc, François Duvalier, arrangiert. Im Schatten des Duvalierimperiums waren sie noch reicher geworden, als sie es ohnehin schon gewesen waren.

Und der derzeitige Chef des Hauses Latour war zum Major der Tonton-Macoutes aufgestiegen. Zwar wurden viele Mitglieder, sogar der Großteil dieser gefürchteten Truppe aus Slumbewohnern rekrutiert, denn diese galten als besonders grausam, doch die Führungsschicht bestand durchwegs aus gefährlichen, gebildeten Männern. Henry Latour trat immer nur dann in Aktion, wenn es Aufgaben zu erledigen gab, die im Ausland durchgeführt werden mussten. Bereits öfters hatte er in der Dominikanischen Republik zugeschlagen.

Mit zwei großen Hubschraubern waren sie nach La Romana geflogen. Sie alle waren in Zivil, doch sie führten schwere Waffen mit sich. Seit Stunden hielten sie sich am Zivilflughafen von La Romana auf, denn es war ihnen nicht erlaubt worden, die Gegend abzusuchen. Sie besaßen ja keine offizielle Gewalt in diesem Land.

Henry Latour kochte vor Zorn. Er wusste, dass sich auf dem stillgelegten Militärflughafen, kaum 20 Minuten entfernt von hier, ein Hubschrauber befand, mit dem die Staatsfeinde, die er liquidieren sollte, die Dominikanische Republik verlassen wollten. Was konnte er tun? Er musste zu diesem ehemaligen Militärflughafen gelangen, der Rest würde dann ein Kinderspiel sein. Sie würden die drei Weißen erwarten und einfach abschießen.

Er konnte nicht länger auf die Erlaubnis warten, die es ihm gestattete, den Militärflughafen zu untersuchen. Sie befanden sich hier auf einem Zivilflughafen und die nächste Garnison war weit. Er beschloss ganz einfach, den Befehl zu mißachten, der ihm verbot, den alten Militärflughafen aufzusuchen. Er befahl seinen Männern, die Hubschrauber wieder zu besteigen und gab vor, wieder nach Haiti zurückfliegen zu wollen. Sollten sie unterwegs zufällig auf die Verbrecher treffen und sie töten könnte man ihnen keinen Vorwurf machen. Henry Latour war überzeugt, dass sie auf die drei gefährlichen Terroristen treffen, denn er würde nicht eher in seine Heimat zurückkehren als sein Auftrag ausgeführt war.

## Der Luftkampf

Die drei Freunde stiegen aus ihrem Wagen und liefen auf den Hubschrauber zu, der nur notdürftig mit einigen Planen abgedeckt war. Es war kaum zu glauben. Die Fahrtroute, die ihnen Dr. Ibanez genannt hatte, wurde wirklich von niemandem befahren. Keiner schien diesen Weg zu kennen. Im Schutze der ausgehenden Nacht waren sie hierher gefahren und nun, da die Sonne aufging, standen sie vor dem Hubschrauber, der sie in die Freiheit bringen sollte. Douglas Macleod packte die schweren Maschinenpistolen, die er mitgebracht hatte, in den Hubschrauber. Der Schotte zauberte auch noch eine Bazooka, die ein einzelner Mann bedienen konnte, aus dem Kofferraum ihres Autos. Als alles beladen war, setzte sich Mike Modena ins Cockpit. Tarek Breithagen saß an seiner Seite, während Douglas Macleod sich in den hinteren Teil des ehemaligen Heereshubschraubers, der bequem acht Leuten Platz geboten hätte, zurückzog. Modena startete und in dem Moment als sie sich in die Luft erhoben, sahen sie die heranfliegenden Hubschrauber.

Sowohl Modena als auch Breithagen erkannten, dass es diese Hubschrauber auf sie abgesehen hatten, dass es kein Zufall war, auf diese Hubschrauber zu treffen. Es waren Militärhubschrauber, das erkannte Modena sofort. Wahrscheinlich waren sie auch mit schweren Bordwaffen ausgestattet. „Jetzt geht's ums Ganze!" schrie Mike Modena und wendete das Fluggerät. Sie flogen ziemlich schnell, doch die Hubschrauber der Haitianer waren ihnen dicht auf den Fersen. Gewaltige Blitze verkündeten, dass man auf sie schoss, gewaltige Blitze, die bald links, bald rechts von ihrem Helikopter Löcher in die Luft rissen, zeigten ihnen, dass sie hilfloses Wild in der Luft waren. „Wir müssen hinunter!", schrie Modena wieder. „Sonst schießen sie uns ab wie die Hasen. Und früher oder später werden sie treffen!"

Er bemühte sich, nach unten zu gehen. Eine dicht bewaldete Lagune lag unter ihnen. Sie mussten hinunter und dann den Hubschrauber so schnell wie möglich verlassen. Wieder krachte es und diesmal wurde ihr Hubschrauber mit unheimlicher Kraft durchgeschüttelt. Sie sind getroffen worden. Major Latour, der am Steuer des Hubschraubers hinter ihnen war, lachte laut auf. Sie hatten einen Treffer zu verzeichnen. Die Rauchfahne, die sich aus dem Hubschrauber der Verbrecher ihren Weg in die klare Luft bahnte, war nicht mißzuverstehen.

„Ich weiß nicht, ob ich es schaffe, sicher zu landen", brüllte Mike Modena, während der Hubschrauber immer tiefer sank und sich schließlich in einer riesigen Baumkrone verfing. Sie hingen fest. Etwa 10 Meter über dem Boden hingen sie hilflos an einem zusammengewachsenen Baum fest, dessen dichte Krone den Propeller ihres Hubschraubers gefangen hielt. Immer schneller kam der Hubschrauber der Verfolger näher. Douglas Macleod ergriff die Bazooka und rief den Freunden zu: „Steigt aus! Verdammt noch mal, steigt aus! Das Schwein hole ich jetzt herunter!" Doch da war der Helikopter schon heran und feuerte eine Salve auf sie ab. Breithagen und Modena duckten sich, während Douglas Macleod die Tür aufriss und das Panzerabwehrrohr hinausrichtete. Lachend drückte Major Latour auf den Knopf, der einen erneuten Feuerstoß auslöste und verzeichnete den Einschlag der Kugeln in der breiten Brust des Schotten. Doch auch dieser hatte abgedrückt. Im selben Moment als die Kugeln in seine Brust schlugen, brauste das Geschoss los und in der nächsten Sekunde explodierte der Hubschrauber der Haitianer. Macleod hatte direkt durch das Cockpitfenster geschossen und Major Latour war buchstäblich in Stücke gerissen worden, genau wie sein Hubschrauber. Der zweite Hubschrauber der Haitianer flog eine Schleife und ließ dabei einen Feuerhagel auf das zerstörte Fluggerät nieder gehen. Die Haitianer stiegen höher, wohl aus Angst, nicht auch ein ähnliches Schicksal zu erleiden.

Tarek Breithagen, der unverletzt geblieben war, kroch zurück zu Douglas Macleod, „Dougie", schrie er. Macleod lag blutüberströmt auf dem Boden des schief im Baum hängenden Hubschraubers und atmete schwer. „Tarek!", sagte er schwach. Zum ersten Mal hatte er ihn Tarek genannt! Wohl auch zum letzten Mal, denn dem Schotten war nicht mehr zu helfen. „Dougie, guter Dougie!"

„Tarek, es ist aus, nackt bin ich geboren, nichts hab ich verloren..." Er versuchte zu lachen, aber sein Lachen erstarb und sein Kopf fiel nach hinten. Douglas Macleod war tot.

„Mike, Dougie ist tot!" Der Amerikaner kroch heran und Breithagen sah den hässlichen roten Fleck an seiner Schulter. Auch Mike Modena war getroffen worden! „Mike, Mike, bist Du schwer verletzt?" „Es ist ein Schultereinschuss, Tarek, aber ich schaffe es. Wir müssen aus dem Hubschrauber und zwar schnell, bevor sie uns in die Luft jagen." Mit seiner heilen rechten Hand griff er nach der Maschinenpistole und schwang sich hinaus, wo er sich mit beiden Händen an einem dicken Ast festkrallte und gleichzeitig laut aufschrie, weil ihn seine Schulter so sehr schmerzte. Breithagen fuhr dem toten Dougie Macleod über das Gesicht, warf sich die MPi um die Schulter und schwang sich ebenfalls hinaus. Fieberhaft kletterten die beiden nach unten. Die Äste waren sehr dick und erlaubten einen leichten Abstieg, doch Modena stöhnte unentwegt laut auf. Breithagen erreichte ihn und nahm den schweren Mann auf die Schultern. Er stieg weiter abwärts und war nur noch einen Meter über dem Boden, als er nach unten geschleudert wurde. Eine gewaltige Detonation hatte den Baum in zwei Teile gespalten. Die Haitianer hatten ihren Hubschrauber mit einer Granate erwischt. Nach einer Minute machte Breithagen die Augen wieder auf. Er lag ein paar Meter von dem lichterloh brennenden Baum entfernt. Mike Modena war durch den Druck noch weiter weg geschleudert worden und lag vor ihm.

Durch den Rauch sah Breithagen den Hubschrauber über ihm auftauchen. Er warf sich herum und richtete die Maschinenpistole nach oben. Er schoss solange bis sein Magazin leer war. Er spürte einige Einschläge in seinen Körper, vor allem im Bereich des linken Oberarmes und am linken Bein, er sah aber auch wie sich der Hubschrauber um seine eigene Achse drehte und wieder höher stieg. Das Fluggerät schien außer Kontrolle geraten zu sein. Wahrscheinlich hatte er den Piloten getroffen. Er hörte einen ohrenbetäubenden Knall und sah eine riesige Stichflamme sich zum Himmel emporheben. „Sie sind gegen einen Baum geknallt", dachte er. Dann verlor er das Bewusstsein.

**Der Ruf der See**

Als Tarek Breithagen erwachte, spürte er sofort den Schmerz in seinen Armen und Beinen. Das Feuer aus dem Hubschrauber der Haitianer hatte ihn aber nur leicht verletzt. Er versuchte aufzustehen und es gelang ihm. Mit unsicheren Beinen ging er auf Mike Modena zu und sah das große Einschußloch im Rücken des Amerikaners. Die Schüsse hatten auch Mike Modena erwischt. Mike Modena war tot. Er hatte alle seine Freunde verloren und befand sich irgendwo auf einer kleinen, wahrscheinlich unbewohnten Insel. Was war mit dem zweiten Hubschrauber der Haitianer geschehen? Er erinnerte sich. Er musste den Piloten getroffen haben, dann war der führerlose Hubschrauber gegen einen Baum geprallt und explodiert.

Was Breithagen nicht wusste war, dass einer der Haitianer aus dem Hubschrauber gesprungen war, bevor dieser an dem Baum zerschellte. In einem verzweifelten Sprung war es ihm gelungen, sich an einer Liane festzuhalten, die seinen Sturz nach unten gebremst hatte. Der schwarze Mann war benommen am Boden liegen geblieben, hatte sich dann aufgerafft und belauerte nun Breithagen, der sich über den toten Modena beugte. Während Breithagens Bewusstlosigkeit war der Haitianer näher gekrochen und gerade als er auf die beiden vermeintlich Toten zulaufen wollte, sah er wie Breithagen sich erhob. Er sah auch, dass Breithagen sehr wackelig auf den Beinen stand, zog sein Messer aus dem Gürtel und näherte sich dem knienden Mann. Zu spät vernahm Breithagen das Geräusch, doch er wirbelte herum und so traf ihn der Messerstoß des Haitianers nicht in den Rücken sondern tief in die Brust. Dennoch gelang es ihm, dem Schwarzen mit beiden Fäusten an den Kopf zu schlagen, sodass dieser zurücktaumelte. Schwer blutend warf sich Breithagen auf die Maschinenpistole Mike Modenas und riss sie hoch. Der Haitianer hob das Messer zum Wurf, doch der Feuerstoß aus Breithagens Maschinenpistole traf ihn ins Gesicht und schleuderte ihn zurück. Breithagen erhob sich schwankend und schoss auf den am Boden liegenden, bereits toten Mann. Dann sank er erneut zu Boden.

Er blutete sehr stark. Er wusste, dass diese Wunde tödlich ist. Eine Weile lag er so da, doch er fiel nicht in Ohnmacht. Er hörte ein Rauschen und glaubte zu wissen, dass das Meer nicht allzu weit von ihm entfernt sein konnte. Das Meer hatte er stets so sehr geliebt und nun, im Angesicht des Todes, vernahm er ihn wieder: den Ruf der See, den er ein Leben lang so sehr geliebt hatte. Er begann zu kriechen, er kroch diesem Geräusch nach, das nur in seinem Gehirn existierte. Er zog eine große Blutspur nach sich, aber er schien keinen Schmerz mehr zu verspüren. Er war nur noch von dem Wunsch beseelt, ans Meer zu gelangen. Schließlich blieb er liegen und krallte seine Finger in den Sand. Er glaubte, das Wasser des Meeres durch seine Finger fließen zu sehen und sein Leben lief vor ihm ab wie ein Film. Er sah seine Mutter vor sich, sah wie sie ihm zuwinkte, er sah seinen Großvater, sah Trenton Hall, sah sein Moorcottage. Wie große Fische tauchten alle diese Eindrücke aus dem Meer seines Vorstellungsvermögens auf, wie Felsen in der Brandung standen sie alle vor ihm: Rassen Khan, Mike Modena, Douglas Macleod, Lara, seine erste große Liebe, Carmen Dolores, seine letzte Liebe, sie alle standen mit wehenden Gewändern mitten im Meer und winkten ihm zu. Er sah den großen dicken Diktator Duvalier, der soeben von einem todbringenden Strudel in die Fluten hinuntergerissen wurde, und alle seine Freunde klatschen Beifall.

Noch einmal krallte er seine Hände in den Sand, mit aller ihm noch verbleibenden Kraft und wieder vernahm er den Ruf der See, doch diesmal viel stärker, viel lauter. Eine große Welle erhob sich über ihm und trug ihn hinaus in das Meer der Ewigkeit.

**Nachwort des Autors:**
1982 begann ich meine Recherchen zu diesem Buch. Ich studierte die überaus blutrünstige Historie des zweigeteilten Landes, das der ruhmsüchtige Genuese Christophoro Colombo als erster Europäer in Besitz nahm; ich fand Unterlagen aus der Zeit der Napoleonischen Kriege – als die Insel der Fahne der Trikolore angeeignet wurde, las die Berichte über die Okkupation der Amerikaner und stieß schließlich zur Ära Duvalier vor.

Von da an gestaltete sich der Recherchierungsprozess wesentlich schwieriger: offiziellen Unterlagen konnte nicht getraut werden und anfänglich zeigten sich nur wenige Augenzeugen bereit, mir über die Gräueltaten dieser furchtbaren Diktatur Zeugnis abzulegen.

Dennoch konnte ich mit einigen glaubwürdigen Zeugen sprechen, die mir von den Vorgängen in Fort Dimanche erzählten. Als ich diesen Roman am Ende des Jahres 1985 fertigstellte, hörte man zwar von Aufruhr und Rebellion im Lande „Baby Docs", doch ich maß diesen Berichten nicht allzu viel Bedeutung. 15 lange Jahre hatte der kaum des Lesens und des Schreibens mächtige Diktator das ärmste Land der westlichen Hemisphäre in den Staub getreten; der selbst ernannte „Präsident auf Lebenszeit" wurde immer reicher während sein gequältes Volk immer tiefer in den Strudel der Armut und Verzweiflung hinuntergezogen wurde.

Als ich in den vergangenen vier Jahren immer wieder auf die unmenschlichen Zustände auf der Karibikinsel hinwies, in zahllosen Vorträgen und Artikeln immer wieder die Mordpraktiken Duvaliers anprangerte, schenkte man mir kaum Beachtung. Anfänglich erklärte sich auch kein etablierter Verleger bereit, diesen Roman herauszubringen.

Nun, da der Sturz Jean-Claude Duvaliers vollzogen ist, eine Entwicklung mit der ich persönlich nicht so schnell gerechnet hatte, steht der grausame Massenmörder erneut im Rampenlicht der Weltöffentlichkeit. Die Medien – die zuvor jahrelanges Stillschweigen bewahrten – berichten fast täglich von „Baby Docs" Aufenthaltsorten und seinen möglichen Asylstaaten.

Wie Idi Amin Dada in Jeddah ungestraft jene Millionen verprasste, die er dem ugandischen Volk stahl, so wird auch „Baby Doc" letztlich seinen Zufluchtsort finden, denn hinter ihm steht immer noch die Macht seines ergaunerten Milliardenvermögens.

Der Diktator wurde verjagt, doch nicht zur Rechenschaft gezogen. Die Zukunft Haitis ist nach wie vor düster und unfreundlich und die Opfer von Fort Dimanche warten noch immer vergeblich auf die ausgleichende Gerechtigkeit der Weltgeschichte.

Hartwig A. Vogelsberger
Stornoway, Outer Hebrides

# Epilog Addenda

Haiti 2011: Überraschende Rückkehr von Jean-Claude Duvalier alias „Baby Doc" nach Haiti. Vor nunmehr zwei Monaten lief diese Nachricht als Sensationsmeldung auf allen großen Fernseh- und Radiostationen dieser Erde. Duvalier, der sein ungeheures Vermögen - aus welchen Gründen auch immer (man spricht davon, dass ihn die Scheidung von seiner gierigen ersten Frau finanziell ruiniert hätte) — durchbrachte, landete in Port-au-Prince. Es war mehr als eine Ironie, dass sich seine Maschine just mit jenem Flugzeug kreuzte, welches den Autor außer Landes brachte. Ein letztes Mal war ich ins immer noch ärmste Land der westlichen Hemisphäre gereist, Spurensuche in eigener Sache betreibend.

Eines der schrecklichsten Erdbeben aller Zeiten hatte nicht nur den vom Duvalier-Clan errichteten, alle Zeichen der Gigantomanie tragenden Präsidentenpalast fast zur Gänze zum Einsturz gebracht, sondern auch das in den letzten Jahren und Jahrzehnten wieder im Vergessenheitsschlummer liegende Haiti schlagartig in den Brennpunkt der Weltöffentlichkeit zurückkatapultiert.

Initiiert von den USA liefen Milliardenspenden an. Den unzähligen Erdbebenopfern half dieser Spendenmarathon nicht mehr, den Überlebenden übrigens auch nicht. Wie ich mich an Ort und Stelle überzeugen konnte, herrschte bitterste Not und grässlichste Armut. Die Spendengelder scheinen in irgendeinem der landesüblichen Korruptionssümpfe versickert zu sein.

Auch die Nachfolger Duvaliers, Aristide, der ehemalige Priester, der insgesamt zwei Mal gewaltsam aus seinem Amt vertrieben wurde, und der jetzige Amtsinhaber Preval verdienen den Ausdruck demokratisch gewählter Präsident nicht. Am allerwenigsten aber verdient und verdiente ihn Jean-Claude Duvalier „Baby Doc", dessen Konzentrationslager Fort Dimanche (oder die Überreste desselben) ebenfalls dem Erdbeben zum Opfer fiel, und der in einer Wahnsinnstat versuchte, die chaotischen Zustände eiskalt für seine Zwecke zu nützen, um an den letzten Rest seines Vermögens zu gelangen, der auf Schweizer Bankkonten eingefroren wurde. Sollte er nämlich in Haiti unbehelligt bleiben, wäre es ein Leichtes, sich diese 4 Millionen Dollar unter den Nagel zu reißen. Denn eigentlich wurden ihm diese Gelder bereits in einem letztinstanzlichen Urteil des Schweizer Bundesgerichts zugesprochen (da die damit verbundenen Straftaten verjährt seien) und sind nur durch eine schleunigst beschlossene Notrechtsverordnung des Schweizer Bundesrates weiterhin blockiert. Ein absurder Höhepunkt des Schweizer Bundesgerichturteils ist dabei das Datum: Das Urteil wurde am 12. Januar 2010 gefällt — das ist der Tag der großen Bebenkatastrophe.*

Heute sitzt Baby Doc mit einem Ausreiseverbot belegt in einem Hotel und erwartet seinen Prozess, der mit Sicherheit nicht fair verlaufen wird. Allein — hat dieser Mann Fairness verdient? Dieser brisanten Frage werden sich wohl auch die vielen Nachkommen der Opfer von Jean-Claude Duvalier und Fort Dimanche stellen.

Hartwig A. Vogelsberger
Unterer Gatterer, Dorf 39 Vomp
im März 2011

* Diesen Hinweis verdanke ich meinem Cousin Franz Vogelsberger, ohne dessen akribische Recherche mir dieser wichtige Sachverhalt entgangen wäre.

# Glossarium

**Voodoo/Vodoo**
Zauber- und Mischreligion, bei der Elemente des Christentums mit paganistischen (=heidnischen) vorwiegend aus Westafrika stammenden Praktiken verbrämt werden. Seine schaurigste Blütezeit erlebte der grausame Voodookult auf Haiti während der Duvalierzeit. „Papa Doc" Francois Duvalier, der selbsternannte Präsident auf Lebenszeit, erhob den Voodookult zur Staatsreligion. Sein Sohn „Baby Doc" Jean-Claude Duvalier tat es ihm gleich. Ursprünglich als Anrufung der Götter gedacht, denen man vorwiegend Tieropfer darbrachte (im Dschungel aufgeknüpfte Ziegen und fast immer ein junger Hahn, dem nach langer Tanzzeremonie der Hals durchgeschnitten wurde, wie in diesem Roman geschildert)
In Zusammenhang mit dem mörderischen Voodookult steht das Phänomen der sogenannten „Zombies" oder lebenden Toten – durch unzählige Horrorfilme meist minderer Qualität ins Bewusstsein der Menschen gedrungen. Neuesten Forschungen zufolge wird dem „Zombie" ein schnell wirksames Gift eingeflößt, das einen Scheintodzustand hervorruft. Der vermeintlich Tote reagiert auf keinerlei Reanimationsversuche. Nach ungefähr drei Tagen wird der bereits beerdigte „Zombie" in einer schaurigen Zeremonie aus dem Sarg geholt und mittels eines Gegengiftes, dessen Zusammensetzung nur wenige Großmagier kennen, wieder zum Leben erweckt. Der Bedauernswerte hat nun seine Willenskraft verloren und führt jeden Befehl seines Herrn kompromisslos aus. Ich konnte mich an Ort und Stelle in einem besonders außergewöhnlichem Fall überzeugen, bei dem ein Mann drei Jahre lang als „Zombie" auf dem Feld seines Nachbarn arbeitete, ohne zu wissen was er tat. Als man ihn schließlich in ein Krankenhaus brachte, verstarb er unmittelbar nach seiner Einlieferung – ein unerklärliches, jedoch relativ häufig auftretendes Phänomen.

**Zenanyana**
Blutnacht von Dahomey, dem an der Küste Westafrikas gelegenen Staat, der heute Benin heißt. Von Dahomey aus trat der grausamste aller afrikanischen Kulte seine Reise in die Neue Welt an und gelangte – zusammen mit zahllosen Sklaven – schließlich auch nach Haiti, wo er seine schaurigste Ausprägung fand.

**Candomblé**
Voodooart, die vorwiegend in Brasilien zum Einsatz kam und gelegentlich noch kommt. Das Cancomblé setzt jedoch vermehrt Elemente des Christentums ein.

**Bokor**
Zauberer, Magier, Giftmischer, Voodoopriester, Zaubermeister

**Humfo**
Voodootempel auf Haiti

**Houngan**
Voodoopriester

**Loa**
Voodoogeistwesen

**Mambo**
Voodootrancetänzerin

**Uish, vish**
Gälisch, bedeutet nur die Ruhe, ruhig, beruhigen Sie sich – diese Abart des Gälischen wird vorwiegend auf den Äußeren Hebriden gesprochen.

**Camarero**
spanisch für Ober oder Kellner

**Laloki**
Good bye, Leb wohl, auf Wiedersehen in der Sprache der Ureinwohner von Papua-Neuguinea.

**Kerel**
Afrikaans, Sprache der Buren, dem Niederländischen stark verwandt, bedeutet so viel wie Mann! Bursche! Oder eben Kerl!

# Der letzte Zar

## Glanz und Untergang der Romanows

von Hartwig. A. Vogelsberger

Format A5, 248 Seiten, broschiert, 32 Abb., ISBN 978-3-901185-40-3, Salzburg 2011. Preis € 24,90

Die Ermordung der Zarenfamilie in Jekaterinburg in der Nacht vom 16. auf den 17. Juli 1918 markiert das wohl düsterste Kapitel der neueren russischen Geschichte.

Mit großer Akribie und unglaublichen Detailwissen schildert der renommierte Historiker und Anglist Hartwig A. Vogelsberger die „Abendröte des Zarismus", wie er selbst schreibt. Mitreißend formuliert, ausgezeichnet recherchiert und wissenschaftlich fundiert, muss dieses Buch wohl als die vielleicht beste Zarenbiographie betrachtet werden. Vogelsberger ist ein großartiger Erzähler ganz im Stile von Golo Mann. Univ. Prof. Dr. Franz Hampl „Very possibly the best book ever written about the last Czars" - Gordon Brook-Shepherd.

Erhältlich beim:
**Österreichischen Milizverlag**
Moosstraße 1-3, 5010 Salzburg
Tel. (0043)-(0)50210-80-40950
Fax. (0043)-(0)-80-17414
EMail. milizverlag@miliz.at
www.miliz.at